KB174295

용龍의 등에 내려앉은 봉鳳

김경수·신상화 지음

용龍의 등에 내려앉은 봉鳳

© 김경수·신상화, 2014

1판 1쇄 인쇄__2014년 10월 20일
1판 1쇄 발행__2014년 10월 30일

지은이__김경수·신상화
펴낸이__이종엽
펴낸곳__글모아출판
      등록__제324-2005-42호

공급처__(주)글로벌콘텐츠출판그룹
      대표__홍정표
      이사__양정섭
      편집__노경민 김현열 김다솜 **디자인**__김미미 **기획·마케팅**__이용기 **경영지원**__안선영
      주소__서울특별시 강동구 천중로 196 정일빌딩 401호
      전화__02-488-3280 **팩스**__02-488-3281
      홈페이지__http://www.gcbook.co.kr

값 11,000원
ISBN 978-89-94626-25-3 03180

용의 등에
내려앉은 봉

김경수 · 신상화 지음

글모아출판

서 - 풍수가 아니라…

이 책을 기획하고 준비하면서 풍수에 관한 책들을 검색하다가 참으로 놀랐다. 풍수에 관한 책이 그렇게 많을 줄은 미처 상상조차 못했기 때문이다. 국내도서만 하여도 그 수를 헤아리기 어려울 정도이면서 대동소이한 내용의 책들을 접할 수 있었다. 아마도 우리나라에는 학계를 비롯하여 다양한 일에 종사하는 여러 부류의 사람들 및 사찰의 승려 그리고 강호의 고수 등 풍수의 대가들이 즐비한 듯하다. 역설적이지만 우리는 오히려 풍수의 대가가 아니라는 점에서 이 책을 집필할 용기를 얻었다. 풍수에 대해서 조금 아는 듯한 글을 썼다가는 아마도 몰매를 맞을 수도 있겠다는 생각을 했다. 이런 것이 예로부터 '반풍수 집안 망친다'고 한 것이지 싶다. 따라서 이 책은 풍수책이 아니다.

세간에 전하는 재미난 이야기를 하나 해 보자. 옛날 한 마을에 형제가 살고 있었는데 아버지의 병이 위독하였다. 이에 형이 아우를 시켜 건너 마을의 의원을 데리고 오도록 하였다. 그런데 의원을 데리러 갔던 동생이 그냥 혼자만 돌아온 것이었다. 그래서 형이 화를 내면서 "왜 의원을 데리고 오지 않았느냐"고 하자, 동생이 말하기를 "그 의원 돌팔이예요, 들으니 얼마 전에 그 아버지가 세상을 떠났다는데, 제대로 된 의원이면 자기 아버지도 못 살렸겠어요"라고 하는 것이었다. 형이 들으니 일리가 있는지라 더 이상 말하지 못하였는데, 얼마 못가서 아버지가 세상을 떠났다. 그래서 이번에는 또 아우에게 이웃 마을에 사는 지관地官을 데리고 오도록 하였다. 명당에 무덤을 쓰기 위함이었다. 지관을 데리러 갔던 아우가 이번에도 혼자서 돌아오기에 형이 또 "왜 혼자 왔느냐"고 묻자, 동생이 "그 지관도 반풍수예요, 그 지관이 제대로 된 풍수라면 그 집안 형편이 그렇게 가난하게 살지는 않겠지요"라고 하였다. 그 말도 일리가 있는지라 형은 할 수 없이 아우의 의견을 따라 양지바른 곳을 골라서 아버지의 장례를 치렀다는 이야기다.

인간의 욕망은 끝이 없다. 살아서는 부귀영화를 누리고 싶고 불로장생을 하고 싶어 한다. 그러다가 결국 죽음에 이르게 되면 자신이 남긴 자식들이 또한 행복하게 살기를 바란다. 그런 염원이 살아서도 명당에 살고 싶어 하고 죽어서도 명당에 묻히고자 하는 바람으로 나타났다. 그것이 풍수사상을 만들어 낸 것이다. 그러나 결국 풍수란 인간이 처한 현실에서 가장 안전하고 편안한 삶을 누리고자 하는 마음에서 비롯된 것이며, 죽어서도 따뜻한 곳에 묻히고자 하는 희망 이상의 것이 아니다.

이 책은 인간 삶의 환경을 거주라는 관점에서 접근하여 하나의 이야기를 만들어보고자 하는 의도로 집필하였다. 그 속에서 풍수의 등장과 그것을 통한 삶의 희망을 스토리로 구성한 내용을 용과 봉이라는 테마를 통하여 풀어보고자 하였다. 용과 봉의 관념이 원래 동이족의 토템이었다는 관점을 드러내면서 우리 조상들의 지혜를 엿보는 것도 재미있는 작업이다. 제1부는 김경수가 이런저런 이야기들을 모아서 풍수 비슷한 내용을 담아 횡설수설로 서술하면서 용과 봉의 유래와 의미를 추적해 보았다. 제2부는 신상화의 연구 성과를 모아서 그 중에서 봉황 관념과 관련 있는 도시들의 이야기를 전개하였다.

김경수와 신상화는 의형제이다. 십 년쯤 전에 문화재청에서 발주한 지방의 동산문화재 조사 프로젝트에서 처음 만나 그 일을 마칠 무렵에 의형제의 결의를 하였다. 김경수가 형이 되고 신상화가 아우가 되었다. 형은 덕도 재주도 부족하지만 그냥 몇 살 차이의 나이 때문이다. 신상화는 일본의 고베대학에서 건축학을 전공한 사람이다. 진주에 소재하고 있는 한국국제대학교에 적을 두고 있는데 여건상 할 수 없이 언제나 학회 일과 학교 행정업무를 맡아 바쁘다. 조금이라도 젊을 때 우수한 연구성과를 내는 것이 중요한데 업무에 쫓겨서 그러지 못하는 것이 형으로서 보기에 안타깝다. 가끔은 아우가 행정적인 일처리 능력이 좀 부족했으면 하는 생각을 하기도 한다. 그러면 보직을 맡지는 않을 테니까!

이 책의 집필은 우연하게 기획되었다. 몇 해 전부터 가끔 신상화가 옛날의 비석이나 고문헌의 내용을 확인해 달라는 부탁을 하였는데, 알고 보니 그의 연구 성과를 위한 것이었다. 김경수는 재주가 없지만 동양철학을 진공한 덕분에 한문을 몇 글자 알기 때문이었다. 신상화는 그렇게 몇 편의 논문을 통하여 풍수와 도시건축의 연관성을 관계지우는 성과를 내었고, 지난겨울에는 중국에서 출판된 책을 공동으로 번역하기로 하였다가 몇 가지 사연으로 포기하고서, 이와 같은 책을 집필해 보기로 한 것이다. 그리고 앞으로도 둘은 함께 연구하고 공동으로 성과를 낼 몇 가지 분야를 협의하였다. 학문에 융합이나 복합이 중요하다는 사실을 새삼스럽게 느꼈다.

이 책의 출판을 맡아주신 (주)글로벌콘텐츠출판그룹의 홍정표 대표님께 깊은 감사를 드린다. 금년에만 세 번째로 나의 책을 편집하느라고 수고하신 노경민 선생과 편집팀에게도 진심어린 감사를 드린다. 색인 작업을 맡아준 제자 이경건 군에게도 고마운 마음을 전한다. 자신의 복도 찾지 못하면서 풍수의 대가인 것처럼 세상을 속이는 사람들이 없어지면 좋겠다는 염원과, 자신이 살고 있는 고장에 대한 자부심을 가진 사람이 많아지기를 바라는 마음을 이 책에 담았다.

갑오년 한여름 천풍재에서
김경수 쓰다

제1부 풍수 비슷한 이야기들

제2부 이 땅의 봉 도시 이야기

제1부
풍수 비슷한 이야기들

1. 북경원인(北京猿人)과 주구점(周口店)

🦅 산서성(山西省) 여행

몇 년 전 필자는 3년 동안 경남지역의 목판을 종합적으로 조사하는 사업에 참여한 적이 있었다. 그 기간 중 어느 추운 겨울에 팀으로부터 중국 산서성 북부 일원 답사에 참여하면 좋겠다는 제의를 받았다. 산서성은 중국 고대문명의 발상지이다. 북으로는 몽골과 접해있고, 동으로는 태행산맥이 하북성과 경계를 이루고, 서쪽은 황하가 섬서성과 경계를 이루는데, 산서성의 한 가운데를 분수汾水가 길게 흘러내려 황하와 합류한다. 이곳이 중국 고량주의 원산지이며[1], 남부지방은 요임금 순임금이 정치를 행했던 고대의 수도이며, 삼국지에 등장하는 저 유명한 관우의 고향도 그 근처이다. 산서성은 춘추시대의 진晉나라가 있었던 곳으로 문공文公은 춘추오패의 한 사람이었다. 부국강병의 대표적 나라였던 진나라는 결국 한韓 위魏 조趙의 세 나라 즉 삼진三晉으로 분열하면서 전국시대의 도래를 불러오기도 하였다.[2] 여행의 일정과 코스를 듣고 보니 저

---

1) 행하촌(杏下村)에서 생산하는 고량주의 원조 분주(汾酒)는 중국 주류 품평회에서 다섯 번 모두 금장을 받은 유일한 고량주이며, 오늘날 귀주성에서 생산하는 유명한 마오타이주나 수정방 등은 모두 분주의 제조기술자들이 만든 술이다. 또한 이곳에서는 죽엽청주도 생산하여 품평회에서 죽엽청주로서는 유일하게 금장을 받은 것으로 그 맛을 잊을 수 없다.

2) 진나라는 중국 고대문명의 발달을 이끌었는데, 소로 농사짓는 우경의 시작으로 농업생산력을 극대화하여 노동력을 줄일 수 있게 되었고, 이로 인해 상공업의 발달을 촉진하여 국가의 부가 급속도로 늘어났다. 특히 상업의 발달은 하나의 독특한 전통을 이루어 중국의 대부호들

렴한 경비와 알찬 내용으로 구성되어 있어 구미가 당겼는데, 그 중 마지막 일정이 북경 시내에서 대충 쇼핑이나 하는 것으로 되어 있었던 것으로 기억된다. 그래서 나는 한 가지 조건만 충족되면 아직도 8명의 단체 여행단에 한 명이 부족한 인원을 동반하고서 여행에 동참하겠다고 하면서, 그 조건으로 마지막 날 오전에 북경원인이 발견된 주구점을 답사할 것을 강력히 제안하였다.

그림 1) 산서성 지도

8명이 각자의 담당업무를 분배하고 출발한 그 여행은 참으로 실속이 있었다. 베이징 올림픽에 맞추어 새로 지은 북경수도공항에 도착해서 마중 나온 여행사 직원과 만나 기본적인 사항을 전달받고서, 우리가 중국기사와 함께 빌려 8일 동안 일정을 같이할 미니버스를 타고서 그야말로 우리들만의 여행을 마음껏 즐겼다. 숙소만 제외하고는 식사와 일정 등을 모두 우리 마음대로 조절할 수 있었기 때문이다. 책에서는 밝힐 수 없지만 정말 재미나고 우스운 이야기를 많이 만들었다. 이 여행에 대한

이 대부분 산서성 출신이라고 하며, 오늘날에도 그 전통은 면면히 이어지고 있어서 이곳 출신 상인들을 진상(晉商)이라고 한다.

이야기를 책의 첫머리에서 꺼낸 이유는 세 가지이다. 첫째는 운강석굴과 석탄으로 유명한 고장인 대동에서 멀지 않은 곳의 안탑雁塔을 방문했을 때 그곳의 전통적인 주거지에서 받은 느낌이고, 둘째는 평요고성을 방문했을 때에 본 읍성의 모습이며, 셋째는 북경원인이 발견된 주구점에서 받은 인상이 그것이다.

🐦 천고마비(天高馬肥)

북방 오랑캐와 경계선을 접한 지역에 살았던 그곳 사람들의 생활은 그야말로 하루하루가 긴장의 연속이었다는 느낌을 받았다. 지금은 멋진 조형물처럼 보이지만, 마을 북쪽의 높은 곳에 세운 안탑雁塔은 기러기탑이라는 멋진 이름과는 어울리지 않는 역할을 했던 것이다. 이른바 천고마비天高馬肥의 계절 즉 말은 살찌고 하늘은 청명한 늦가을이 되면, 그들은 항상 안탑에 올라서 북쪽으로부터 약탈을 위한 오랑캐의 침략이 언제 들이닥치는지를 망보고 있어야 했다. 수확물의 일정한 량을 그들에게 순순히 내어주어야만 서로가 죽거나 다치는 일 없이 또 한 해의 겨울을 넘길 수 있었기 때문이다. 망을 보는 탑에서 말발굽소리와 함께 나타나는 오랑캐를 보면 마을 사람들에게 피신할 것을 알려주어야 했던 것이다.

그런데 그곳에 사는 사람들의 주거환경과 생활모습을 보면서 많이 놀랐다. 사방이 구릉으로 둘러 쌓여있고 주변에 경작할 적당한 면적의 토지가 있어, 농경에 종사하면서 적의 침입으로부터 방어하기에 좋도록 만들어진 읍성의 주택구조는 내가 상상할 수 있는 3,000년 전의 주거환경과 전혀 다르지 않은 것으로 보였기 때문이다. 그야말로 열악하기 그지없는 비참함에 가까운 삶의 현장이었다. 그들의 생활은 도저히 21세기라는 시대와는 동떨어진 모습이었다. 그랬다. 북방의 척박한 환경에서 오랑캐의 침략을 수시로 당하고 살았던 사람들의 세상을 사는 모습은

바로 이런 것이구나 하는 생각이 들었다. 옛날에는 그런 곳에 사람들이
모여서 촌락을 형성했던 것이다.

그림 2) 안탑

그림 3) 안탑이 소재한 읍성

산서성의 중부에 위치한 평요平遙는 산서성의 성도이며 당나라의 모태인 태원으로부터 약간 남쪽에 위치하고 있다. 참고로 평요에서 가까운 곳에 있는 쌍림사라는 절은 세계문화유산으로 지정되어 있는 사찰인데, 그 내부 부조물들의 아름다움은 입을 열지 못하게 만든다.3) 이곳에는 명나라 시대에 건축된 오래된 읍성이 있다. 일본이 중국을 침략했을 때 대포로 공격당한 흔적이 성벽 곳곳에 남아있지만, 현재까지 가장 완벽하게 남아있는 읍성이다. 거북모양으로 설계한 이 성은 둘레가 약 6.4㎞이고 높이는 12m이다. 이곳은 사방이 툭 트인 곳에 위치하고 있으므로 인위적으로 견고한 성을 만들어 외적의 침입에 대비하였다. 넓은 들판에 의지하여 살았던 사람들의 주거환경은 그런 식으로 만들었던 것이다. 견고한 성을 쌓고 살았던 그들은 풍요로운 삶을 영위하였다.

---

3) 오늘날 중국도 문화유산의 촬영을 대체로 금지하고 있다. 그런데 우리가 여행했던 때는 평균 기온이 영하 18℃의 워낙 추운 겨울이라서 다른 관광객이 거의 없고 관리인들도 사무실 안에만 있어서 윈깡석굴로부터 다른 유적들까지 상대적으로 좋은 사진을 찍을 수 있는 행운이 있었다.

그림 4) 평요고성

🐓 북경원인

여행의 마지막에 들렀던 주구점은 북경에서 서남쪽으로 약 50㎞ 지점
에 위치해 있다. 그곳에는 사방이 툭 트인 지형의 가운데에 용골산龍骨山
이 있다. 석회암 지대의 산이어서 화석이 많이 보존되어 있었고, 사람들
은 그 뼈를 '용뼈'라고 하여 약재로 사용하고 있었다. 그 산에는 넓이가
대략 200여 평 되고 깊이가 약 80여 m에 이르는 커다란 천연동굴이
큰 바위 아래에서 발견된 것을 비롯하여 여기저기서 많은 동굴이 속속
발견되어 1921년부터 80여 년간 발굴 조사되었다. 그 와중에 가장 큰
규모의 동굴인 원인동猿人洞[4]에서 1929년 중국인의 손에 의해 대략 50

---

4) 우리가 일반적으로 인류의 조상으로 말하는 '원인'이라는 개념은 사실 두 가지로 구분된다.
첫째는 원숭이로부터 인간의 단계로 진화하는 초기의 인류조상으로 우리는 이를 '원인(猿人,
영어로는 man-apes)' 즉 원숭이 인간이라고 부르는 것이다. 둘째는 현생인류의 직계조상이
라는 의미의 '원인(原人, 영어로는 homo sapiens)가 그것이다. 북경원인은 첫 번째 경우에
해당한다.

만 년 전 구석기 시대의 것으로 추정되는 사람의 두개골이 발굴되었으니 바로 '북경원인'이라고 명명된 것이다. 이 동굴은 대략 70만 년 전부터 시작하여 20만 년 전까지의 오랜 기간에 걸친 화석이 무더기로 발견되었다. 그 기간 동안 인류의 생존환경을 보여주는 분명한 증거들이 고스란히 모습을 드러낸 것이다. 북경원인의 두개골은 세상에 불과 12년 정도 모습을 보이고서 사라졌지만5), 그 화석이 발굴된 용골산은 고대 초기인류의 생활상을 알 수 있는 중요한 역할을 하였다.

그림 5) 주구점 유지 박물관

---

5) '북경원인'의 화석은 발굴된 이래 세계인의 주목을 받다가 2차 세계대전이 발발하면서 사라졌다. 일본이 이 화석에 욕심을 내어 강탈을 시도하자 미국이 중국에 이것을 당분간 미국의 자연사박물관에 이동하여 보관할 것을 제의하여 중국이 이를 수용하였다. 전하는 바에 의하면, 이 화석을 실은 일본 화물선은 출항 후 곧 대만해협에 침몰하였고, 그 이후 화석의 존재는 미궁으로 빠졌다. 다만, 그 전에 급하게 만들어진 복제모형은 거의 진품과 같아서 오늘날 우리가 보는 모습으로 남아있다.

그림 6) 북경원인이 발견된 장소

그곳에서 발견된 수많은 뼈들 중에는 사람의 뼈도 있었지만, 온갖 종류의 동물뼈가 있었다. 그 중에는 코끼리 코뿔소 사슴 검치호 호랑이 하이에나 등도 포함되어 있다. 이는 당시 그 지역이 열대성 기후 지대였음을 말하고 있으며, 동굴 속에서 발견된 그 뼈들은 모두 당시의 인류들이 잡아서 식량으로 먹고 남긴 흔적인 것이다. 그런데 필자는 당시의 기후나 그 지역에 살았던 동물들에 대한 관심보다는 당시의 인류가 살았던 주거환경에 더 관심이 많다. 당시의 인류는 거대한 분지처럼 생긴 지형에서 사방이 툭 트인 넓은 들판 한 가운데에 아기자기하게 솟은 작은 산에 의지하여 적어도 50만 년 이상 살았던 것이다. 외적의 침입을 살피고 대비하기에 최적의 조건이었을 뿐만 아니라, 동물들의 움직임을 관찰하여 사냥하기에도 더없이 좋은 환경이었음을 알 수 있다. 초기의 인류는 이렇게 천연적인 산성의 형태에 몸을 의지하여 생활을 영위하였던 것이다.

주구점으로부터 대동 근처의 오래된 촌락으로 다시 평요의 고성으로 관점을 거꾸로 돌려본다면, 고대의 인류는 산의 동굴이나 바위틈에 의지하여 수렵과 채취 중심으로 살다가 점차 농경으로 전환하면서 자연적 환경을 이용한 읍성의 촌락을 이루었고, 결국에는 넓은 들판을 끼고서 견고한 성을 쌓아 자신의 안전을 보장받으면서 평화롭고 풍요한 생활로 변해갔음을 알 수 있다.

이러한 주거환경의 변화는 중국의 고대사를 설명하면서 가끔 사용하는 그들의 조상에 대한 이야기로부터 기원한다. 그들은 자기들의 조상을 유소씨有巢氏-수인씨燧人氏-복희씨伏羲氏-신농씨神農氏-황제黃帝로 계보를 만들었다. 유소씨의 시대란 말 그대로 사람들이 나무 위에 둥지처럼 집을 짓고 살았던 시기를 말하며, 수인씨의 시대란 인류가 드디어 불을 사용하게 되었던 시기를 말한다. 복희씨는 중국의 문명을 처음으로 개창한 인물을 지칭하며, 신농씨는 인류에게 농경을 알려주고 온갖 식물의 약성과 독성을 감별해주어 식량과 질병 문제를 해결하게 해준 인물이다. 그 뒤를 이은 황제는 그야말로 중국인들이 자기들 민족의 뿌리라고 내세우는 존재인데, 중국문명과 문화의 결정체라고 할 수 있다. 중국인이 자랑하는 황제의 가장 큰 업적은 수레를 발명한 것과 동이족의 치우천황과 싸워서 이겼다는 것이다.6)

🐦 복희와 팔괘

잠시 이야기를 옆길로 돌려보자. 여기서 중국인이 자랑하는 그들의 조상인 복희씨는 대표적 업적이 『주역』의 원형인 팔괘를 만든 것인데, 중국의 고대설화에서는 그의 여동생 여와와 함께 한족의 조상으로 숭배되고 있다. 그런데 상체는 사람의 모습이고 하체는 뱀의 모습으로 묘사되고 있는 복희와 여와 전설의 근원은 지리적으로 서역과의 접경에 가까운 감숙성 천수天水이다. 이른바 중원의 중심이 아니라는 말이다. 천수에는 복희의 사당이 있다. 섬서성에서 감숙성으로 들어가면서 천수에 접근하게 되면 오누이인 복희와 여와가 결혼을 해야 할지 하지 말아야 할지를 하늘에 물어보기 위해서 산위에서부터 맷돌을 굴렸다는 전설을 간직한 산을 만나게 된다. 그 맷돌이 굴러서 두 개가 포개졌으므로 둘은 하늘의 뜻에 따라 결혼하여 자손을 두게 되었다는 이야기다. 그리고 그 협곡의 넓은 들판이 바로 진시황의 조상이 터를 잡았던 곳이다. 진시황 영정嬴政의 조상은 일찍이 말을 잘 기르기로 유명하여 그로 인해 벼슬을 얻어 출세하게 되었고, 나중에 후손은 세력을 길러 결국 천하를 통일하는 대업을 이루게 된다. 중원문명의 시작을 이룬 복희나 중국천하를 하

6) 우리의 고대사를 연구한 단재 신채호는 황제가 치우천황과 싸워서 이겼다는 전설은 거짓이라고 밝히고 있다. 오히려 동이족의 지배에 반기를 든 황제를 치우천황이 사로잡아 다시는 반역하지 못하도록 훈계했다고 한다. 다만, 황제가 수레를 발명한 일과 나침반을 발명한 일은 인정하고 있다. 이른바 탁록의 전투라고 불리는 그 전투에서 양측은 오래도록 접전하여 승패를 가르지 못했고, 그 와중에 동이족의 치우라는 장군이 황제에게 사로잡힌 일이 있었다는 것이다.

나로 통일한 진시황은 사실 한족이 아니라는 설이 지배적이다.7) 복희는 동이족 한웅천황의 아들 중 하나이며, 진시황의 조상도 동이족으로서 감숙성까지 이주해가서 터를 잡고 살았다는 설이 유력하다. 복희는 오행의 방위배당에서 오제 중 동쪽에 배당되어 있고, 동이족의 한 갈래인 태호씨太昊氏로 분류된다.

그림 7) 천수의 복희 사당

그림 8) 아스타나 고분군에 있는 복희여와의 상

7) 사실 중국 서역 돈황에서 가까운 아스타나 지역의 고분군을 답사하게 되면 그곳에서 복희와 여와의 전설을 또 만나게 된다. 서역의 민족들은 복희와 여와가 그곳에서 나서 인류의 시조가 되었다고 주장하고 있는 것이다.

2. 성읍(城邑)과 읍성(邑城)

 성과 읍

　고대인들의 주거생활 환경은 나무 위에 둥지를 틀고 살다가 점차 산의 자연적 바위틈이나 동굴 지형을 이용하여 외적이나 맹수의 위협으로부터 스스로를 보호하는 방식으로 전환하였다. 이러한 점들을 주구점의 유적지들은 일목요연하게 보여주고 있다. 인구가 증가하고 인류가 불을 지배하게 되면서 주거환경은 또 한 번 큰 변화를 가져온다. 대체로 반지하식 위에 움막을 덮는 형식으로 취락을 형성하게 된 것이다. 그 초기의 형태는 산자락에 의지하다가 점차로 들판으로 내려오게 된다. 그러면서 고대의 성城과 읍邑의 취락구조가 완성되었다.

　산에 의지하여 자연적 지형을 이용하면서 수렵을 위주로 생계를 유지하면서 담을 쌓아 외적과 맹수의 위협을 피하는 취락구조가 바로 성읍城邑이며, 농경을 중심으로 생계를 유지하면서 들판에 다소 높은 담을 쌓아서 맹수와 외적의 침입을 피하는 취락구조가 바로 읍성邑城이었다. 이렇게 하여 점차 커진 취락이 커다란 마을을 형성하게 되었고, 이것이 정치체제로 전환되면서 고대 봉건국가의 원형을 이루었다. 역사학자들의 견해를 따르면, 그와 같이 독립된 씨족중심 부족중심의 작은 마을들이 각각 하나의 국가를 이루게 되어 중국의 하나라 때에는 약 15,000여 개의 봉건국가가 존재하다가 점차로 정복에 의해서 그 수가 줄어들게 되었다는 것이다. 은나라를 거쳐 주나라 초기에 이르러서는 약 200여 개의 봉건국가로 줄어들었다가, 다시 전국시대가 되면 이른바 전국칠웅이라는 7개 국가만 남게 되었고, 마침내 진시황의 천하통일로 비로소 하나의 거대한 중국 즉 3황과 5제의 명칭을 합한 황제皇帝의 나라로 통일을 이룬다.

이와 유사한 형태로 남아있는 것이 오늘날 볼 수 있는 산성과 읍성이다. 그러나 사실 오늘날 볼 수 있는 산성은 평상시에는 사람들이 거의 거주하지 않다가 전쟁 때에 적의 공격을 피하거나 막아내기 위하여 만든 것이 많다. 반면에 읍성은 지금도 사람들이 거주하는 생활공간으로 계속 쓰이고 있는 경우가 많다. 우리나라의 경우를 예로 들면, 남한산성이나 수원산성 또는 행주산성 등 전국 각지에 흩어져 있는 많은 산성들, 그리고 해미읍성이나 고창읍성 등과 같은 것이 그러한 역할을 담당했다. 반면에 진주성과 같은 것은 산성과 읍성의 현태를 반반씩 절충한 것으로 보면 되겠는데, 1980년대 초까지도 사람들이 성 안에서 살았지만 그 이후는 관광지로서의 기능만을 강조하여 오늘날은 사람들이 거주하지 않는다.

그림 9) 남한산성

그림 10) 해미읍성

그림 11) 진주성

🐦 「하도」와 「낙서」 그리고 오행

고대의 인간생활은 초기에는 자급자족으로 생활하다가 점차 인구가 늘어나면서 침략과 약탈 정복이 일반적인 현상이 되었다. 이런 변화를 『주역』을 공부하는 사람들은 「하도」의 선천역 시대로부터 「낙서」의 후천역 시대로의 전환이라고 말한다. 복희 시대에 황하에서 용마龍馬가 나왔는데 그 등에 그림이 그려져 있었고, 그래서 그것을 「하도河圖」라고 부른다. 한자에서 하河는 황하를 지칭하는 고유명사였다. 이 그림에는 점들이 동서남북과 중앙에 배열되어 있는데 각 방위별로 북쪽에 한 개와 여섯 개의 점, 동쪽에 세 개와 여덟 개의 점, 남쪽에 두 개와 일곱 개의 점, 서쪽에 네 개와 아홉 개의 점, 중앙에 다섯 개와 열 개의 점이 있다. 이것이 이른바 음양오행설의 시초가 된다. 북쪽은 오행의 수水, 동쪽은 목木, 남쪽은 화火, 서쪽은 금金, 중앙은 토土에 해당되고, 각각 배당된 홀수와 짝수의 점은 음과 양을 의미한다. 그 점들의 총합은 55이다. 역학에서는 50을 대연수라고 하여 세상의 만물을 포섭하는 것으로 보는데, 「하도」에는 그보다 다섯이 더 많은 점이 있다. 이는 세상에 만물이 생겨나는 시기에는 모든 것이 풍요로워서 오히려 다섯 만큼의 넉넉함이 있어 서로 다툴 일이 없었던 시기라고 본다. 그리고 역사의 흐름은 오행이 시계방향으로 돌아가면서 서로 낳아주는 상생의 순서로 진행된다고 보았다.

그런데 다시 하나라의 시조인 우임금 때에 낙수洛水에서 거북이 나왔는데, 그 등에 또 점들로 이루어진 그림이 있었기에 이를 「낙서洛書」라고 한다. 이 「낙서」를 바탕으로 새롭게 팔괘의 순서를 그린 인물은 주나라 건국의 주요 인물인 문왕 희창姬昌이다.1) 이 그림은 북쪽의 수로부터 하

---

1) 유가의 공자나 맹자는 문왕을 성인으로 추앙한다. 그들은 요-순-우-탕-문왕-무왕-주공 등을 태어나면서부터 성인이었다고 하면서 그들이 다스렸던 시대를 재현하는 것을 정치의 목적으로 제시하였다. 그러나 이와 같은 주장은 오직 유가들의 주장일 뿐이고, 제자백가의

나와 여섯 개의 점, 그리고 오른쪽으로 도는 순서에 따라 일곱과 두 개의 점, 아홉과 네 개의 점, 셋과 여덟 개의 점이 사방으로 배치되어 있고 중앙에 다섯 개의 점이 자리하고 있었다.[2] 이 그림은 「하도」의 모습에서 남쪽과 서쪽에 있던 점들이 서로 위치를 바꾼 것이다. 이 과정을 오행의 금과 화가 서로 위치를 바꾸었다고 하여 '금화교역金火交易'이라고 하며, 이렇게 바뀜으로서 이제 오행은 시계방향으로 돌아가는 상생의 원리에서 시계반대방향으로 돌아가면서 하나가 다른 하나를 이기는 상극의 원리가 작동하게 되었다는 것이다. 즉 수극화 화극금 금극목 목극토 토극수의 순서가 되었고, 「하도」의 수생목 목생화 화생토 토생금 금생수의 원리는 자연현상에서 자리를 비켜주게 되었다. 이 「하도」와 「낙서」가 작동하는 원리를 원형으로 그려놓고 선을 그으면 음과 양이 커지고 작아지는 모습의 「태극도」의 태극 모양이 만들어진다. 어쨌든 이제 「낙서」의 시대에는 가운데에 있던 열 개의 점이 사라지고 다섯 개의 점만 남게 되어 점의 전체 수는 45가 되었다. 대연수 50에서 다섯이 모자라게 된 것이다. 따라서 생명체가 자신의 삶을 온전하게 유지하기 위해서는 부족한 다섯을 다른 생명체로부터 빼앗아야 되는 시대가 되었음을 말한다. 인류의 삶에서 투쟁과 약탈이 정당성을 확보하게 되는 원리를

다른 학파들은 이런 이론에 반대한다. 유가에서 말하는 요·순·우의 선양은 실제로 찬탈이었다고 보는 설이 훨씬 유력하고, 근거도 더욱 분명해 보인다. 미국의 여성 중국학자인 사라 알란은 이 문제를 연구하여 박사학위를 받았다. 문왕은 반역의 마음을 품은 것이 탄로 나서 유리에 20년 동안 감금되어 있으면서 易을 연구하여 후천팔괘를 만들었으니, 이는 곧 「낙서」의 오행상극을 체계화 한 것이다. 인류 투쟁의 역사를 이론적으로 정당화 한 셈이다. 그의 아들인 무왕 희발(姬發)은 아버지의 죽음에 장례도 치루지 않고 천하의 제후들을 끌어 모아 주나라의 마지막 왕인 주(紂)를 쳐서 목야의 전투에서 승리를 거두고 은나라를 멸망시켰다. 그는 이 반역을 위하여 장기간에 걸쳐 방법을 궁리하였는데, 그 가운데서도 천하의 미녀 달기(妲己)를 어려서부터 교육하여 주왕에게 상납하여 은나라를 망하게 하는데 결정적으로 이용하기도 하였다. 유가에서는 이와 같은 무왕을 성인으로 추앙하고 있는 것이다.

2) 그러나 사실 「하도」나 「낙서」에 이러한 점들이 그려졌다는 이야기는 전혀 근거가 없는 것이다. 유일한 근거라는 것은 『주역』 「계사전」에 있는 '황하에서 그림이 나왔고 낙수에서 글이 나왔다(河出圖 洛出書)'라는 구절이다. 그런데 「계사전」은 한나라 때에 완전한 모습을 갖춘 것이며, 실제로 「하도」와 「낙서」의 그림 모양은 북송시대에 와서 그려진 것이다.

제공한 셈이다.

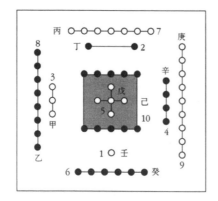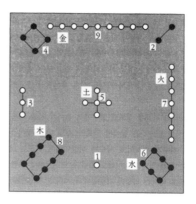

그림 12) 하도와 낙서

🐦 낙양과 한양

다시 잠깐 옆길로 빠져보자. 「낙서」의 '낙'은 '낙수'를 지칭하는 말이며, 이 물은 중국의 고대도시인 낙양의 남쪽을 흐르는 강이다. 원래 음양이라는 말의 원형을 살펴보면, 양陽은 글자 모양이 뜻하는 바와 같이 해가 비치고 있는 언덕이며(阜+日+勿), 음은 그 반대의 의미이다. '양'의 글자 뜻은 '산의 남쪽, 물의 북쪽山之南 水之北'이다. 즉 풍수에서 말하는 최고의 길지인 '배산임수背山臨水' 중에서도 북쪽을 뒤로 산을 지고, 남쪽을 앞으로 물을 끼고 있는 형국이다. 그리하여 그런 곳에 자리한 도시에는 지명에 '양'을 붙이게 되었다. 북망산을 뒤로 지고 낙수를 앞으로 낀 '낙양'이 그 대표적인 이름이다. 대부분의 독자들은 벌써 알아차렸겠지만, 우리나라의 '한양'도 북한산을 뒤로 지고 한강을 앞으로 끼었기에 붙인 이름이며, 진주의 옛 이름인 '진양'도 비봉산을 뒤로 지고 남강을 앞으로 끼었기에 지어진 이름이다. 진주는 중국 산서성 태원의 진양이라는 지명을 차용한 것이기도 하지만! 이제 우리는 많은 지명의 경우를 이해할 수 있게 되었다. '음'이라는 이름을 가진 산청의 옛 지명인 '산음'은 진양이나 한양과는 반대의 지형을 가졌음을 뜻한다. 경호강이 산청읍을 뒤에서 감싸고 흐르기 때문에 붙여진 이름인 것이다. 안의의 옛 이름 '안음'도 같은 경우이다. 또 다른 경우는 '북천北川'과 같은 이름도 있다. 지명만 들어도 그 지역이 어떤 모습을 하고 있는지 짐작할 수 있는 사례가 아주 많다.

오행은 각각 음과 양의 성질을 갖고 있으며, 언제나 순환하면서 변화하는 과정에 있다. '쥐구멍에도 볕들 날 있고, 열흘 붉은 꽃은 없다'는 말이다. 음지가 양지 되고 양지가 음지 되는 끊임없는 변화의 연속에 놓여있다. 어느 순간에 어느 것이 득세하느냐에 달렸을 뿐이다. 역사는 변화의 연속이며, 그 변화란 끊임없는 형상의 바뀜이며 그런 의미에서 윤회다. 변화變化란 '사물이 완성되어 가는 과정을 변이라 하고, 사물이 생겨나는 과정을 화라고 한다物極謂之變 物生謂之化'의 뜻이다. 예를 들면, 사람으로 생겨나서 죽음을 맞이하는 순간까지를 '인간으로서의 변'이라고 하며, 죽은 이후 그 육체를 이루었던 그리고 그 하나하나가 다시 자신의 모습으로 복제될 수 있었던 60조 개의 세포가 각각 분리되고 다시 쿼크 단위로 나뉘면서 어떤 것은 식물의 일부로 어떤 것은 동물의 일부로 어떤 것은 여전히 대기의 일부로 전화하여 다른 모습으로 드러나는 과정이 '또 다른 삶으로서의 화'라고 하는 것이다. 인간이 삶을 기뻐하고 죽음을 슬퍼해야 할 이유가 없는 까닭이기도 하다.

🦜 천시와 지리 그리고 인화

인간의 삶이 투쟁과 약탈의 시대가 되면서 어떻게 하면 보다 쉽게 상대를 제압할 수 있고, 어떻게 하면 나의 것을 빼앗기지 않고 잘 지킬 수 있는지의 문제가 중요해졌다. 그 중에서 가장 중요한 것은 역시 어디에 자리 잡고 사느냐의 문제였다. 그런 관점에서 맹자는 '하늘의 때는 지형

의 유리함만 못하고, 지형의 유리함도 사람들의 단합만 못하다天時不如地利
地利不如人和'는 말을 하였다. 하늘의 때란 성을 공격할 때 좋은 시기를 말
하는 것이고, 지형의 유리함은 공격보다는 수비의 장점을 말하며, 사람
들의 단합은 모든 경우에 해당할 것이다. 성에서의 전투가 아니라 야전
이라면 바람이나 비가 천시에 해당할 것이고, 높은 곳이나 낮은 곳 또는
산이나 물을 끼고 있는 방향 등이 지리가 될 것이며, 장졸들의 마음을
한 곳으로 모을 수 있는 지휘자의 능력에 의해서 인화가 결정될 것이다.
고대의 취락구조는 상호약탈에 대비하는 것이 최우선적인 목적으로 만
들어졌다고 할 수 있다. 어떤 곳에 사는 인간이 보다 안전한가? 그것이
가장 중요한 문제였다. 은나라 시대의 갑골문에서도 집터를 정하는 문
제를 점을 쳐서 물었다는 내용이 나온다. '택구宅丘'나 '서우胥宇' 또는 '복
택卜宅'과 같은 기록들이 갑골문이나 『시경』에서 나오고 있다.

3. 감여(堪輿)와 풍수(風水)

🦀 풍수의 기원

　중국에서 음양오행과 풍수 등이 인간의 생활에 직접적으로 응용되기 시작한 것은 대략 한나라 때부터로 보인다. 『한서 예문지』에 이와 관련된 책 이름이 두 가지 나오고 있다. 『감여금궤堪輿金櫃』와 『궁택지형宮宅地形』이 그것이다. 이에 앞서 음양오행설이 전국시대 말기에 유행했는데, 대표적 인물이 추연이었다. 추연은 제나라의 직하학파에서 대단한 명성을 떨쳐서 그를 따르는 제자들이 수천 명에 이르렀다고 한다. 그로 대표되었던 학파가 이른바 구류십가九流十家 중의 하나인 음양가陰陽家였다. 그런데 그의 학설에서 중요한 점은 '오행상극'설에 기반한 '오덕종시설五德終始說이었다. 오덕종시설이란 왕조의 흥망을 오행의 상극설로 설명하는 이론으로 이른바 한 왕조가 오행 중 하나의 기운을 받아서 세워졌다면, 결국 다음 왕조는 전 왕조의 오행 기운을 이기는 오행 기운을 받아서 일어난다는 것이다. 그 속에는 음양소식陰陽消息의 원리가 이미 들어있으니, 바로 음과 양은 서로 성쇠를 번갈아 한다는 것이다. 이리하여 이후 한나라를 건국한 유방은 스스로 주나라의 화덕火德을 이어 수덕水德을 받았다고 천명하였다. 추연의 이런 이론은 권력투쟁의 인류 역사를 설명하기에는 아주 적절하였다.

　그런데 이 오행설도 원래는 동이족에서 기원하였다고 보는 견해가 있으니, 단재 신채호와 같은 경우이다. 그는 오행설이 한웅이 다스리던 시기부터 하늘로부터 가져온 『황제중경皇帝中經』의 내용 중의 중요한 부분이었다고 한다. 이것을 대홍수시기에 우임금이 천하의 물길을 잡으려고 노력하면서 결실을 얻지 못하자 단군이 태자 부루를 시켜 오행의 이론을 전해주어 결국 홍수를 다스리게 되었다고 한다. 이 『황제중경』의 기본적인 내용들이 오늘날 『서경』의 「홍범」편으로 남은 것이라고 논증하고 있다.[1] 철학사적으로 본다면, 오행설의 일차적 근거는 바로 정치의 요점 중에서 가장 중요한 9가지를 열거한 「홍범」의 내용에서 첫 번째인 '오행'에 바탕하고 있다. 또한 음양오행설이 연나라나 제나라 등 중국의 동쪽에서 나오고 유행한 사상임을 들어, 그 지역이 원래 동이족의 땅이었음도 중요한 근거로 채택하고 있다. 단군을 계승한 고구려에서 오가五加제도를 정치에서 채용한 것 등도 이를 방증한다고 보았다. 나아가 중국에서 음양의 이론은 은나라 때에 나온 것으로 그들은 일상생활에서 음양의 이론을 많이 활용하고 있었음을 알 수 있기도 하다. 즉 은나라 당시 임금들의 이름에는 무정武丁 무경武庚과 같이 모두 십간十干 중의 하나를 사용하고 있음이 그 대표적 사례라고 지적한다. 은나라 때에 이미 열흘을 하나의 단위로 삼고, 하루하루가 음양이 교차하는 것으로 파악했던 것이다. 임금의 명칭에 십간의 하나를 사용한 것은 그가 태어난 날을 뜻하거나 죽은 날을 뜻하는 것일 가능성이 높다고 본다. 은나라는 동이족이 세운 국가였다.

---

1) 『서경』의 「홍범」은 그 내용으로 보아 처음부터 『서경』에 들어있었던 것이 아니라는 설이 유력하다. 후대에 그 부분을 책 속에 포함시켰을 가능성이 높다고 보는 것이다. 중요한 근거 중의 하나가 바로 그 앞뒤의 맥락을 분석해 보면, 그 위치에 그렇게 고차원적인 철학적 내용을 담은 「홍범」편이 들어있는 것이 이해하기 어렵다는 점이다.

『주역』과 구궁팔괘

위에서 언급한 두 책은 오늘날 전하지 않는다. 오늘날에는 풍수지리라는 말과 같은 뜻으로 사용되는 감여라는 말은 아마도 『감여금궤』에서 유래한 것으로 보이는데, 원래 그 뜻은 '감은 하늘, 여는 땅'을 지칭하는 것이라고 한다. 『예문지』에서는 '감을 하늘의 도天道, 여를 땅의 도地道'라고 하였고, 또 다른 해석에서는 '감은 높은 곳, 여는 낮은 곳'을 지칭한다고 하여 하늘과 땅의 총칭이라고 하기도 하였다. 아무튼 여러 가지 정황으로 보아 이 책은 풍수에 관한 총체적인 문제를 다루었을 것으로 추정되고 있다. 『궁택지형』은 그 이름으로 보아도 어떤 내용을 담았을지 짐작이 된다. 이 책은 '형법류形法類'에 분류되었는데, 형법이란 말 그대로 온갖 사물들의 정확한 특징을 살펴서 기록한 것으로 천하의 지세로부터 시작하여 성곽 사람 가축 기물 등의 도수 형용 귀천 길흉 장단을 살핀 것이다. 따라서 이러한 분류법은 자연스럽게 오행설과 연관된다고 볼 수 있다.

그런데 중요한 점은 이러한 책들이 담고 있었던 중요한 내용은 살아 있는 사람들의 생활과 밀접하게 관계된 것들이라는 것이다. 인간의 길흉화복과 관련된 수많은 학설은 특이하게도 후한 시대에 폭발적으로 쏟아졌다. 역학에 대한 새로운 해석이 촉발되고, 도교사상이 확산되면서 중국의 사상계에는 일대 혁신적인 변화의 물결이 일어났다. 『주역』에 대한 연구가 인간의 길흉화복을 점치고 미래를 예측하는 방향으로 나아가는 상수역象數易의 전성기를 구가하였고, 도교사상은 태평도가 한나라의 멸망을 초래하는 황건적의 난으로 봉기하고, 천사도는 일명 오두미교라고 하여 민중의 삶을 구제하는 일로 나타났다. 모두가 현세의 고단한 삶을 보다 나은 미래의 삶으로 바꾸고자 하는 염원을 담았던 것이다. 화를 물리치고 복을 구하거나, 세상을 바꾸어 출세의 길을 가고자 하였다. 민중은 죽음을 무릅쓰면서도 '출세'의 길을 가고자 했다. 바로 이 지점에서 삶은 죽음과 연결된다.

한나라가 멸망하던 당시 천문과 지리 그리고 인화의 모든 면에서 이것들을 사람의 생활에 가장 잘 활용한 사람은 아마도 제갈량이라고 할 수 있을 것이다. 사실 여부를 떠나[2] 『삼국지연의』에 묘사된 그의 활약상은 거의 모두가 신이한 존재로서의 제갈량이 천문과 지리 그리고 인화의 온갖 면에서 대단한 활약을 하고 있다. 앞날을 예측하여 『주역』의 문왕 후천역을 이용하여 돌을 쌓아서 '구궁팔괘진(마방진)'을 미리 펼쳐둔 것이나, 자신의 죽음을 알고서 이를 연장하고자 하늘에 기도한 일들은 대표적이다. 그가 이토록 뛰어난 예측을 할 수 있었다면 이미 자신이 꿈꾸는 한나라의 회복이 불가능함도 알고 있었을 것이다. 이런 제갈량을 두고서 남명 조식은 일찍이 '평생 융중에 살아서 천하후세의 사람들로 하여금 그 이름을 모르게 하는 것이 나았을 것'이라고 평하고 있기도 하다.

4	9	2
3	5	7
8	1	6

그림 13) 구궁진(마방진)

---

2) 제갈량에 대한 아름다운 이야기들은 대부분 『삼국지연의』에서 지어낸 것이다. 정사에서는 그에 대한 기록이 얼마 되지 않을 뿐만 아니라 그렇게 대단한 인물로 묘사되고 있지도 않다. 무엇보다도 필자가 보기에 그는 역사의 흐름을 정확히 읽지 못했다고 할 수 있다. 명분이야 좋지만, 무너져 가는 한나라를 회복하겠다는 그의 주군인 유비의 희망은 그가 유 씨이기에 그렇다고 하더라도, 제갈량이 그 일이 불가능함을 뻔히 알면서도 평생의 온갖 정력을 쏟은 일은 어리석다고 할 수 있다.

🦚 현세와 내세

장생불사와 부귀영화는 모든 인간의 꿈이다. 그러나 장생불사는 불가능하며 부귀영화도 결코 쉬운 일이 아니다. 인간은 장생불사의 꿈을 자손을 낳아 대를 잇는 것으로써 위안으로 삼고, 부귀영화의 꿈은 특별한 인연 즉 집안에 발복하는 환경을 만들어 달성하고자 했다. 내가 부귀영화를 이루지 못하면 자손이라도 이룰 수 있도록 도와주고자 한 것이다. 마침 적절한 시기가 도래하였다. 어쩌면 전국시대보다 더 자주 더 치열한 전쟁의 시대인 남북조시대가 열린 것이다. 삶을 중히 여기는 한족의 문화와 죽음을 초개와 같이 여기는 오호五胡의 유목민 문화가 어우러져 4백 년간의 각축장을 이루었다. 살육과 죽음이 온 세상을 휩쓸었다. 살아남는 것이 죽기보다 더 어려운 시기였다. 이러한 때에 불교의 극락설과 도교의 신선사상은 커다란 매력이었다. 내일의 삶을 보장하기 힘든 상황에서 죽음은 이제 새로운 탈출구였다. 죽어서 명당에 묻혀 자손의 복을 돕는 것이 새로운 문화가 되었다.

이제 현세의 삶에서 추구하던 온갖 부귀영화의 수단이었던 주거환경을 비롯한 모든 생활도구들은 죽음에게로 그 역할을 넘기게 되었다. 특히나 죽은 이후의 터전인 무덤은 대자연의 좋은 기운을 자신의 유골을 통하여 자손에게로 전달하는 매개체로 등장하였다. 이른바 『장서葬書』로 시작하는 무덤의 철학적 문화가 비롯된 것이다. 풍수를 말하는 모든 사람들이 이 책을 언급한다. 그러나 남북조시기에 곽박郭璞이 지었다는 이 책은 사실 원저자가 누구인지 모른다. 후대에 이 책의 가치는 당나라 현종이 비단주머니에 넣어서 아꼈다고 해서 더욱 높아져 『금낭경錦囊經』이라고 불리기도 했을 정도였다.[3] 이제 일반적인 책이었던 『장서』는 경전

---

3) 당의 현종은 그 치세 기간에 '개원의 치'라고 일컬을 정도의 유사 이래 가장 훌륭한 정치를 행한 황제였다. 그러나 늙어가면서 자신의 열일곱 번째 아들의 아내를 탐내어 빼앗아 후궁으로 삼았으니 바로 양귀비이다. 그 양귀비로 인해 '안록산의 난'을 맞게 되어 피난길에서 양귀

의 의미를 지닌 『장경葬經』으로 격상되었다.4)

『장서』에서는 그보다 앞선 또 다른 풍수서인 『청오경靑烏經』을 언급하고 있다. 이 책은 한나라 때에 청오자란 인물이 지었다고 하니, 『장서』보다 대략 200년 가까이 이전의 책이 되는 셈이다. 이 책은 『청오경』이라고도 하지만 『청조경靑鳥經』이라고도 불린다. 까마귀 오烏와 새 조鳥는 한 획의 차이일 뿐이어서 사실 구분하기 힘들기 때문이다. 앞에서 언급한 『감여금궤』나 『궁택지형』과 같은 책이 한나라 때에 있었다면 『청오경』이란 풍수서도 그 당시에 있었을 가능성은 충분하다. '청오'나 '청조'는 사실 그 뜻이 같다고 할 수 있는데, 까마귀를 흔히 검다고 하지만 자세히 살펴보면 그 짙은 검푸른 빛깔이 눈이 부실 정도임을 아는 사람은 드물다. 그래서 차라리 검게 보인다. 책을 지은이가 스스로를 청오자라고 한 이유나, 책 이름을 『청오경』이라고 한 이유는 분명하지 않지만 어쨌든 풍수가 새와 연관된다는 점만은 분명히 밝히고 있는 셈이다. 그렇다. 처음 풍수는 새와 밀접한 관계를 갖고서 탄생하였다.

아무튼 『청오경』과 『장경』은 현재까지 전해지고 있는 책이다. 이 두 책은 조선시대의 과거 중 잡과인 음양과에서 시험의 필수과목으로 채택되었고, 풍수를 말하는 모든 사람은 상식적으로 알고 있어야 되는 것이었다. 지금은 한글로 번역도 되어 있다.5) 『장경』 즉 『금낭경』에서는 자

비를 죽이고 황제의 자리마저 양위하게 된다. 만년에는 도교에 깊이 빠져 장생을 위해 단약을 복용하고 중독되어 죽었다. 당나라의 황제들 중 최소 여섯 명 이상이 단약의 수은에 중독되어 죽었는데, 그 중에는 '정관의 치'를 이룬 당태종도 포함되어 있다. 당태종은 그의 아들 고종 그리고 태종의 후궁 중 하나였다가 고종의 황후까지 되었고 결국에는 당나라를 가로채 주나라로 국호를 바꾸어 15년이나 통치하여 '성신황제'로 불렸던 측천무후와 더불어 우리 역사에서는 불구대천의 원수이기도 하다.

4) 책의 이름에서 '서'와 '경'은 하늘과 땅의 차이가 있다. 우리가 흔히 '사서삼경'이라고 말하는 바와 같이 '서'는 인간이 서술한 책을 지칭하며, '경'은 성인이 하늘의 말씀이나 뜻을 받아 적은 경우를 가리킨다. 기독교의 『성경』도 같은 의미이고, 인도의 경전을 '수트라'라고 하는 것도 같은 뜻이다.

5) 오늘날 우리나라의 대표적인 풍수가 중의 한 명이라고 할 수 있는 최창조 씨가 번역한 것이 널리 읽히고 있는 것처럼 보인다. 원래 분량이 많지 않은 두 책을 함께 묶어서 한 권의 번역서로 출판하였다. 그러나 그 해석과 해설이 얼마나 원 저서의 뜻을 살리고 있는지는 잘 모르겠다.

신의 이론을 적고서 그에 대한 근거로 '경전에서 말하기를經曰'이라고 하고 있는데, 이때의 경이 『청오경』을 지칭하는 듯하다. 『금낭경』에서 풍수이론의 핵심을 몇 가지만 나열해 보자.

장사의 일은 살아있는 기를 타는 것이다. 다섯 가지 기운이 땅 속에서 돌아다니는데, 사람은 그 몸을 부모로부터 받았으므로 부모의 유골이 기를 얻으면 남긴 자식의 몸이 음덕을 받는다(葬者乘生氣也 五氣行乎地中 人受體於父母 本骸得氣 遺體受蔭).

경에 이르기를, 기가 바람을 타면 흩어지고 물을 만나면 멈춘다고 하였다. 옛 사람은 기를 모아서 흩어지지 않게 하고, 기가 흩어지면 멈추게 하였으니 그런 까닭에 풍수라고 한다(經曰 氣乘風則散 界水則止 古人聚之使不散 行之使有止 故謂之風水).

풍수의 방법은 물을 얻는 것이 가장 중요하고 바람을 가두는 것은 그 다음이다(風水之法 得水爲上 藏風次之).

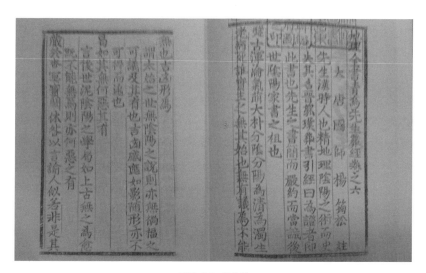

그림 14) 청오경

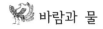 **바람과 물**

이것이 이른바 풍수의 기본원리이다. 풍수란 말은 원래 '장풍득수藏風得水'를 줄인 것이다. 즉 위의 인용문에서 말하고 있는 바와 같이 '바람을 가두고 물을 얻는 것'이 풍수다. 바람을 가두는 것은 산의 지형을 얻음이요, 물을 얻는 것은 하천의 흐름을 만나는 것이다. 그래서 산은 북쪽의 뒷산은 높고 좌우의 산들은 포근히 감싸 안듯이 둘러야 하며, 안산은 물 건너편으로 낮게 시작하여 멀어질수록 높아지는 형상이 가장 좋은 지형이다. 물은 급하게 일직선으로 흘러가는 것이 아니라 조산으로부터 흘러오는 기를 잘 가둘 수 있는, 시위를 당긴 활모양으로 굽어지면서 폭이 넓어 흐름이 거의 없는 형태여야 한다. 그리고 한 가지 더 중요한 점은 물이 흐르는 방향인데, 그 방향은 서출동류西出東流 즉 서쪽에서 발원하여 동쪽으로 흘러가는 물이어야 더욱 좋다는 것이다. 이런 지형을 자연적으로 얻으면 좋겠지만 그런 최적의 경우는 매우 얻기가 어려우므로 일부 인위적인 조작을 가하게 되는 경우가 많다. 즉 나무를 심어 조림을 하여 바람을 가두거나 심하게는 인공적으로 작은 산을 만들어 바람을 가두는 요건을 갖추기도 한다. 또한 흐르는 물길을 인위적으로 방향을 바꾸기도 하고 하천의 폭을 넓히거나 깊이 파서 물을 가두기도 하여 기를 흐르지 않게 막기도 한다. 이런 작업을 비보裨補 즉 부족한 것을 돕고 보충한다고 한다.

땅 속을 돌아다니는 다섯 가지 기운이란 곧 오행을 말하는데, 목 금 수 화 토이다. 이 오행은 각각 특징적인 성질을 가지고 있어서 각 기운은 그에 해당하는 역할을 하게 된다. 즉 목 기운은 따스함을 바탕으로 곧음과 굽음을 성질로 하며, 화 기운은 열을 바탕으로 위로 치솟음을 성질로 하며, 토 기운은 머금거나 흩음을 바탕으로 씨 뿌리고 거두어들임을 성질로 하며, 금 기운은 강하고 차가움을 바탕으로 변화에 순응함을 성질로 하며, 수 기운은 차갑고 허함을 바탕으로 젖어듦을 성질로 한다.

다시 말하면, 목 기운을 타고 난 사람은 남을 잘 배려하는 마음으로 교육자나 사회사업가 등에 어울리고, 화 기운을 타고 난 사람은 불꽃처럼 살다가 스러지는 권력형 보스가 어울리며, 금 기운을 타고 난 사람은 냉정한 판단력으로 정치인이나 군인이 어울리며, 수 기운을 타고 난 사람은 내면으로 침잠하는 성격으로 학자나 종교인 등에 어울리며, 토 기운을 타고 난 사람은 시세의 변화를 잘 읽으므로 사업가에 어울린다는 식이다. 그러기에 땅 속을 돌아다니는 다섯 가지 기운 중에서 어느 위치에 어떤 기운이 흐르는지 알아야 한다는 것이다. 그래야 자손이 무엇으로 출세할 것인지 목적과 부합하는 자리를 잡을 수 있게 된다.

4. 풍수와 용(龍)

🐓 풍수의 책들

400년 가까운 위진남북조시대가 끝나고 수나라가 천하를 통일하였다. 이 기간 동안 중국의 역사에서는 실로 획기적인 일이 일어났다고 할수 있으니, 바로 한족문화와 북방의 다섯 오랑캐문화가 융합한 것이 그것이다. 일찍이 조조에서부터 비롯된 위나라는 북방 오랑캐와 친화적인 정책을 추진하였고, 이 전통을 계승하여 남북조시대에 북방에서 가장큰 세력을 유지하였던 나라는 대부분 위나라의 이름을 계승하였다. 그러면서 민족의 혼혈을 강력히 추진하면서 문화적 융합을 도모하였다. 이 기간의 역사를 읽다보면, 참으로 당시에는 세상에 인륜이란 것이 전혀 없었다는 생각을 갖게 한다. 천하를 통일한 수나라도 그러한 혼혈족의 하나였다. 수나라는 불과 30여 년 존속하다가 역시 북방 혼혈계로서 수나라와 동서지간이었던 당나라에게 나라를 빼앗긴다. 사실 대부분의 나라가 망하는 것은 자멸의 길을 간 것이고 수나라도 예외는 아니었지만! 당나라는 실로 국제적인 글로벌국가라고 할 수 있었다. 온갖 민족이 섞여 살고 무역하며 문화를 공유하였다. 남북조시대를 지나면서 중국의 민족은 순수 한족이라고 할 수 있는 실정이 아니었고, 오히려 온갖 혼혈족이 바로 오늘날의 한족이라고 할 수 있다.

그러나 통일국가가 되면서 학술계의 성과는 괄목할 정도로 성숙하였다. 그 중에서 풍수와 관계된 분야도 획기적인 발전이 일어나 새로운 이론이 창출되고 정형화되기에 이른다. 우선 수나라시기에 저술된 책들 중에서 풍수와 관련된 책이 십여 종이나 『수서隋書·경적지經籍志』에 수록되어 있는 것이 이를 증명한다. 그 중에는 『지형지地形志』『택길흉론宅吉凶論』『상택도相宅圖』『오성묘도五姓墓圖』『총서冢書』『황제장산도黄帝葬山圖』『오성도산룡五姓圖山龍』 등 십여 종이 있다. 책의 제목만으로 알 수 있는 점은, 이후 풍수에서 아주 중요한 역할을 하는 내용으로서 전체적으로 나라의 지형을 다룬 것도 있고, 집의 길흉을 판단하는 것, 무덤의 자리를 정하는 것 등이 있다는 것이다. 그리고 이때부터 드디어 '산룡山龍'이라는 개념이 등장한다는 사실이다. 용이 풍수와 결합하는 단초가 나온 것이다.

당나라에 이르게 되면 더욱 많은 저술이 쏟아진다. 『구당서舊唐書·경적지』에 수록된 것들을 보면, 『오성택경五姓宅經』『음양서陰陽書』『청오자青烏子』『장경葬經』『장서지맥경葬書地脈經』『묘도입성墓道立成』『육갑총명잡기요결六甲冢名雜忌要訣』『오성묘도요결五姓墓道要訣』 등을 비롯해서 13종이 있다. 그리고 돈황석굴에서 발견된 필사본과 당시까지 민간에서 유전되고 있던 이 분야의 저술은 더욱 많아서 24종에 이른다. 몇 가지만 들어보면, 『택경宅經』『황제이택경皇帝二宅經』『삼원택경三元宅經』『공자택경孔子宅經』『문왕택경文王宅經』『회남왕자택경淮南王子宅經』『현녀택경玄女宅經』『구궁택경九宮宅經』『팔괘택경八卦宅經』『육십사괘택경六十四卦宅經』『이순풍택경李淳風宅經』 등등이다.[1] 이상 열거한 책들의 이름을 보면 한 가지 뚜렷한 특징이 나타난다. 바로 중국인의 짝퉁정신이다. 곧 황제 공자 문왕 현녀 이순풍 등과 같이 그들이 자랑하는 훌륭한 인물들에 의탁하여 권위를 높이려는 의도를 담은 것과, 삼원 구궁 팔괘 육십사괘 등과 같이 『주역』의 권위에 의탁하여 권위를 보장받으려는 의도를 담은 것이 많다는 점이

---

1) 이상의 내용은 高友謙, 『中國風水』(北京: 中國華僑出版公司, 1992)의 제2장 내용을 간추려 정리한 것이다.

다. 그리고 책 이름에 사용된 '택경'이란 말은 산 사람의 주거와 죽은 자의 무덤을 함께 아우르는 개념으로 사용하고 있다.

🦚 공파(贛波)'와 민파(閩波)

당나라 때에 이르러 풍수이론은 획기적으로 발전하였던 것이다. 이전의 음양오행설에 근거한 풍수에서 이제 지형과 『주역』 및 그 외의 여러 법칙들이 포괄적으로 도입되었음이 이를 방증한다. 그리고 이 시기에 중국풍수의 양대산맥이 형성된다. 곧 양균송楊筠松을 시조로 하는 '공파贛波'와 송왕급宋王伋으로부터 크게 유행한 '민파閩波'가 그것이다. 공파는 공주의 양균송으로부터 시작했는데, 형법形法이론에 근거하여 지리의 형세를 중요시하며 용혈龍穴과 사수砂水의 배치를 중시하는 풍수법으로 '공파풍수'라고도 한다. 민파는 민중에서 시작되어 송왕급으로부터 유행했는데, 성괘星卦이론에 근거하여 오성팔괘로써 상생상극의 논리를 만든 풍수법으로 '민파풍수'라도고 한다. 후대가 될수록 공파풍수가 득세하고 민파풍수의 세력은 약해져갔다. 오늘날 우리나라의 풍수도 대체로 공파풍수의 이론을 따르고 있다고 볼 수 있다. 아무튼 이 시기에는 풍수의 이론이 정형화 되었고, 이로부터 여러 분파가 생겨났다고 할 수 있다. 지금까지의 이야기를 간추려보면, 산 사람의 주거환경이나 죽은 사람의 무덤에 관계되는 포괄적 의미의 풍수는 원시시대의 초보적인 생활환경 중심에서 시작하여 음양오행설을 바탕으로 한 단계로의 발전을 거쳐서 이제는 지형 용혈 사수 오성 팔괘 등으로까지 매우 복잡해지는 단계로 나아갔다는 것이다.

풍수에 용이 도입되어 새로운 지평을 열게 되었다. 이러한 이론을 정착시킨 인물이 풍수의 시조로 불리는 양균송이다. 그에 의해서 중국의 산맥들은 이제 모두 용이 되었다. 그는 『감룡경撼龍經』에서 다음과 같이 말하고 있다.

수미산(곤륜산)은 천지의 뼈로서, 천지를 누르는 거대한 산이다.

사람의 등뼈와 목줄기 같아, 사지를 낳으니 용이 솟았네.

사지는 네 갈래 세상을 낳아, 동서남북의 네 맥이 되었다.

서북의 공동산은 수만 리이고, 동으로는 삼한으로 흘러 아득하네.

남쪽 용이 중국으로 들어와, 시조를 배태하니 기특함을 이루었다.

황하의 아홉 구비는 대장이 되고, 강과 시내 굽이져 방광이 되었네.

갈라진 작은 맥이 종횡으로 나아가, 기혈은 연이어 물을 만나 머문다.

큰 것은 도읍되어 제왕이 자리하고, 작은 군현 제후들의 터전 되었네.

더 작은 곳 작은 마을 이루니, 부귀가 또한 그 가운데 머문다.

큰 용의 움직임은 원래 진실 되어, 온갖 산 봉오리 바로 용의 몸이네.

높은 산은 성봉(星峰)이 일어남이요, 평지에 행하는 용 또 다른 이름 있다네.

산 봉오리와 별 이름은 비슷함을 취했으니, 별들이 비침에 산의 형상 이루네.

용신(龍神) 두 글자 산맥을 찾으니, 신은 정신이요 용은 육신이로다.

천하 모든 산들의 근원은 곤륜산(수미산)이며, 이것이 동서남북으로 뻗어나가 네 개의 맥을 형성하였고 그 중에서 남으로 뻗은 맥이 중국으로 들어와 중국의 3대 간룡幹龍이 되었다는 것이다. 이에 대해서 그는 또 『청낭해각경靑囊海角經』에서 다음과 같은 말을 하고 있다.

산의 근원 맥은 곤륜산을 좇아 발하였고, 곤륜산의 맥은 가지와 줄기가 분명하다. 오기를 붙들고 오형을 합하였다. 천기는 하강하고 지기는 상승한다. 음양이 서로 짝이 되고 덕과 형을 합하였다. 사시가 차례에 합하고 일월은 밝음을 합하였다. 상생 상극하여 화와 복이 더욱 분명하다. 삶과 죽음의 도를 육갑(六甲)에서 궁구한다.

그런데 중요한 점은, 그가 말하고 있는 곤륜산은 지리상에서 실재하는 산이 아니라는 것이다. 중국의 서쪽에 있는 곤륜산맥의 그 산을 지칭하는 것이 아니라는 말이다. 상상 속의 산이다. 이에 대해서 원나라의 유병충은 다음과 같은 말을 하고 있다.

산룡(山龍)이 지리에서 더러 보이는 것이 비록 천만 가지로 많지만 그 용맥의 근원이
오는 곳은 모두 곤륜으로부터 나온다. 『수이록』과 『지도지』에 의하면 곤륜산의 높이
는 일만팔천사십칠 리이고, 중봉은 하늘과 나란하며 중국에서 보면 곤륜산은 서북에
있어서 건태(乾兌) 사이이므로 실로 천하 산천의 비조이다. 그리고 오악이 중국에
들어와 또 온갖 산천의 태종이 되었다.

곤륜산과 용맥

양균송 이래로 곤륜산을 천하 산들의 시조산으로 보고, 나머지 모든
산들은 곤륜산으로부터 뻗어 나온 가지라는 이론에 동의하고 있는 것이
다. 그 근거로 제시한 것이 곤륜산이 서북에 있어서 선천팔괘의 건괘와
태괘 사이에 위치한다고 하였다. 선천팔괘에서는 그 순서를 건괘가 1에
태괘가 2에 해당한다. 그러니 하늘이 생기고 바로 곤륜산이 생겨났다고
보는 것이다. 양균송의 이론에 의하면 이 곤륜산에서 동쪽으로 바로 뻗
은 용맥은 황하와 만리장성의
북쪽을 거의 일직선으로 지나
는 산맥을 형성하다가 요동에
서 땅 속으로 숨었다가 다시
백두산으로 솟았다고 본다. 이
것이 바로 한반도 용맥의 기
원이다. 그리고 남쪽으로 뻗은
용맥이 갈래지면서 동쪽으로
산맥을 형성하여 이른바 중국
의 3대 간룡 또는 3대 용맥을
형성하게 된다. 이 3대 용맥

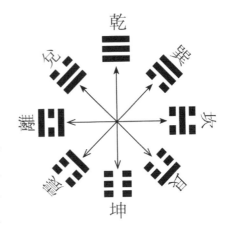

그림 15) 팔괘배당도

에는 필수적으로 중국이 내세우는 오악五嶽이 배당되었다.

　중국의 지형에서 이와 같이 산맥으로 천하를 크게 구분한 것을 그들은 우임금으로부터 시작하였다고 한다. 그 기원이 『산해경山海經』에 나온다는 것이다. 지구의 대홍수시기를 맞이했을 때가 중국의 역사로 보면 요임금 순임금 때였는데, 순임금이 당시의 곤鯀에게 홍수를 다스릴 것을 명하였으나 결국 실패하여 그를 죽이고, 그 아들인 우로 하여금 그 일을 대신하게 하였다. 우는 9년 동안 천하의 홍수를 다스리면서 물길을 바로잡아 결국 치수에 성공하였고, 결국 그 공으로 순임금의 뒤를 이어 왕위에 올랐다고 하는 인물이다. 지금 중국의 강과 하천은 당시 우가 물길을 잡은 것에서 형태를 갖춘 것이다. 물길을 잡기 위해서는 반드시 산의 지형을 먼저 알아야 한다. 그래서 우는 천하를 산과 강으로 구분하여 중국을 구주로 나눈 인물이며, 그가 천하를 돌아다니며 지역마다의 풍속과 특징을 기록한 것이 『산해경』이라는 주장을 중국인들이 하고 있다.

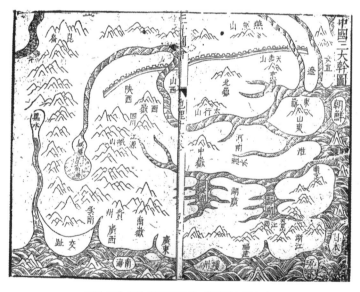

그림 16) 3대 간룡도(출처: 『자금성 풍수』)

우임금이 나눈 3대 산맥의 흐름을 '3대 용맥'으로 해석한 사람이 양균송이다. 오늘날 중국의 3대 용맥을 정리하고 있는 것을 옹문호翁文灝의 『중국산맥고中國山脈考』를 참고해서 열거해 보면 다음과 같다.

첫 번째 열은 개산 기산 형산(지금의 섬서성에 있음) 호구 뇌수 태악 저주 석성 왕옥 태행 항산에서부터 갈석산에 이르러 발해로 들어간 것이 북쪽 간룡이 되니 위수와 황하의 북쪽에 위치하고 있다. 두 번째 열은 서경 주어 오서에서 태화산에 이르고, 웅이 숭산 동백에서 배미(지금의 산동성에 있음)에 이르러 중간룡이 되니 이것은 한수 회수와 위수 황하의 분수령이다. 번총으로부터 형산(지금의 호북성에 있음)에 이르고 내산에서 대별산에 이르는 것이 중간룡의 지맥이 되니, 또한 대략 한수 회수와 장강의 분수령이다. 세 번째 열은 민산의 남쪽으로부터 형산에 이르고 구강을 건너 부천원(지금의 강서성 려산)에 이르는 것이 남간룡이 된다.

첫 번째 간룡은 대체로 천산산맥을 타고서 북경의 조산이 되는 연년산燕然山을 거쳐 요동을 지나 백두산으로 이어지는 북간룡이다. 물길로 보자면 황하 이북에 위치한다. 두 번째 간룡은 사천성의 민산岷山을 기점으로 다시 두 지맥으로 나누어지는데, 위의 맥은 서악 화산과 북악 항산을 거쳐 동악 태산까지 이어지고, 아래의 맥은 중악 숭산으로 이어지는 중간룡이다. 물길은 황하와 위수 사이가 위의 맥이고, 위수와 양자강 사이가 아래의 맥이다. 세 번째 간룡은 운남성과 귀주성을 거쳐 남악 형산을 지나 양자강 아래쪽으로 이어져 절강의 천태산으로 연결되는 남간룡이다. 물길은 장강의 남쪽과 남해바다 사이에 해당한다.[2] 산맥이 구불구불하게 연결된 것이 꼭 용의 모습을 닮았다고 해서 산과 용을 결합하였고, 이제 중국은 세 마리의 큰 용이 국토를 나누고 있는 형국이 된 것이다. 이후부터 중국인의 마음속에서 용은 그야말로 급격히 신비로운

---

2) 이상의 내용들은 대체로 王子林, 『紫禁城風水』(北京: 紫禁城出版社, 2010)의 제1장의 내용을 참고하여 정리한 것이다.

대상으로 숭배되고, 동시에 절대 권력의 상징이 되어갔다. 중국인과 용은 이제 하나가 되었다고 해도 과언이 아니다.

5. 용(龍) 이야기

 용의 역사

여기서는 도대체 용이란 짐승이 무엇이기에 풍수와 이렇게 긴밀히 연관되었는지 좀 알아보자. 『설문說文』에서는 용을 다음과 같이 설명하고 있다.

용은 비늘 가진 벌레의 우두머리다. 능히 숨기도 하고 능히 드러내기도 하며, 능히 커지거나 작아지고, 능히 짧아지고 길어지는데 춘분에는 하늘로 날아오르고 추분에는 연못으로 들어간다.

우리가 알고 있는 용에 대한 일반적인 정의이다. 그 모양은 여러 동물의 특징이 결합한 형태로 말의 머리, 사슴의 뿔, 말의 갈기, 뱀의 몸통, 잉어 꼬리, 악어의 발, 매의 발톱 등으로 이루어져 있다. 가장 중요한 특징은 날개가 없이도 하늘을 날며, 바람과 비를 일으키며 구름 속에서 안개를 내뿜는다는 것이다. 즉 용은 비와 아주 밀접하게 관계된다고 본다. 그래서 용왕은 상제의 명을 받아서 사시사철 비의 양을 조절해서 관장한다.

『서유기』에 나오는 용 이야기는 원나라 때까지 일반적으로 받아들여지고 있던 용에 대한 인식을 보여주고 있다고 하겠다. 손오공은 일찍이 남해의 용왕에게서 여의봉如意棒을 빼앗았을 뿐만 아니라, 나머지 동해 서해 북해의 용왕들에게서도 보물을 탈취한다. 삼장법사가 타고 서역으로 간 용마도 원래는 용의 아들 곧 용이었다. 그때까지 용은 절대 권력의 상징이 아니었던 것이다. 물론 이런 이야기는 불교의 용 관념을 어느 정도 반영한 것이기는 하겠지만1), 당시의 용은 별로 대단한 능력을 지닌 신령한 동물은 아니었다.

그 한 예가 곧 경하의 용왕에 대한 이야기이다. 경하의 용왕이 장안에 인간의 운명을 점치는 신통한 능력을 가진 술사가 있다는 소문을 듣고 인간으로 변장하여 찾아가 내일 비가 올 것인지 안 올 것인지를 물어본다. 술사가 내일 정오에 얼마의 비가 올 것이라고 하자 내기를 한다. 다음날에는 일 년의 계획 중에 비를 내리지 않는 날이었기 때문이었다. 자신이 이겼다고 자신 있게 돌아온 용왕은 상제로부터 뜻밖의 긴급명령서를 받게 된다. 술사가 말한 시간에 똑같은 양의 비를 내리라는 것이었다. 내기에서 지게 된 난감한 용왕은 꾀를 내어 일부러 비를 조금 적게 내린다. 그리고 술사에게로 가서 비의 양이 틀렸으니 당신이 졌다고 말하지만 술사는 이미 용왕의 정체를 처음부터 알고 있었고, 상제의 명을 어긴 죄로 용왕이 다음날 참수형에 처해질 것임을 알려준다. 이에 용왕이 목숨을 구할 방법을 갈구하자 당신의 목을 칠 집행관은 당태종의 총신인 위징이니 내일 정오에 위징을 아무데도 가지 못하게 하면 혹시 살아날 수도 있다고 한다.

용왕이 태종을 찾아가 사정을 설명하고 내일 위징을 아무데도 가지 못하게 해 달라고 부탁하여 태종이 승낙한다. 다음날 위징은 상제로부터 남해 용왕을 참수하라는 명령을 받았는데, 마침 태종이 황궁으로 들

---

1) 인도의 용은 '나가(Naga)'로 보통 쓴다. 그래서 대승불교의 역사에서 유명한 '용수(龍樹)'의 인도식 이름은 '나가-아르주나'였다. 우주에 대한 관념은 고대 인도의 그것이 고대 중국의 관념보다 훨씬 스케일이 크다. 그 방대한 우주관 속에서 용은 아주 작은 미물에 속한다. 불교의 우주관은 오히려 힌두의 우주관을 포섭하는 것으로 더욱 방대하다. 불교에서 나타나는 용은 그저 작은 재주를 지닌 하찮은 존재에 불과하다고 할 수 있다.

어오라는 전갈을 보낸다. 태종에게 불려간 위징은 상황을 설명할 수도 없이 난감하게 태종과 바둑을 두게 된다. 그러다가 정해진 시간에 잠시 졸게 되는데 그 순간에 혼이 빠져나가 용왕을 참수하게 되고 용왕의 머리가 궁궐 마당에 떨어지게 된다는 이야기다. 그렇다. 이야기와 같이 당나라 때까지만 하더라도 용은 신통한 능력을 가지기는 했지만 절대적인 존재는 아니었다.

용의 종류에는 비늘이 있는 교룡蛟龍, 물고기의 몸통을 한 어룡魚龍, 뿔이 있는 규룡虯龍, 뿔이 없는 이룡螭龍 등으로 대별되지만 여기저기 등장

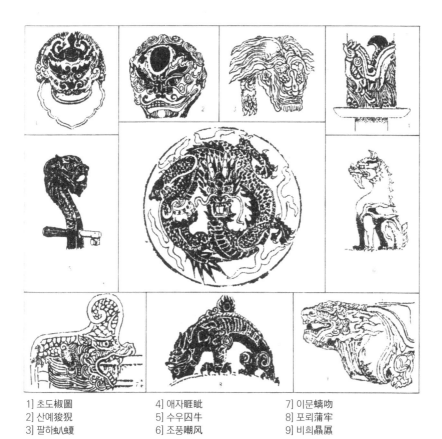

1] 초도椒圖   4] 애자睚眦   7] 이문螭吻
2] 산예狻猊   5] 수우囚牛   8] 포뢰蒲牢
3] 팔하蚆蝮   6] 조풍嘲风   9] 비희贔屭

그림 17) 용과 아홉 아들: 용생구자(龍生九子)(출처: 『용봉문화원류』)

하는 용의 종류는 실로 헤아리기 어려울 정도로 많다. 그 중에서도 가장
대표적인 용의 가족에 대한 이야기는 용에게 아홉의 아들이 있다는 것
이다. 그들의 이름은 각각 초도 애자 이문 산예 수우 포뢰 팔하 조풍 비
희 등이다. 그들은 모두 생긴 모습도 다르고 각자 독특한 장기를 가지고
있다. 그 중의 하나 재미있는 것이 비희贔屭이다. 이 용은 생긴 것은 꼭
거북을 닮았고 장기는 무거운 짐을 잘 지는 것이다. 알아챘겠지만, 흔히
길가에서 만날 수 있는 커다란 비석을 지고 있는 거북이 바로 그것이다.
이것을 우리는 귀단龜壇이나 귀부龜趺라고 하는데 사실은 거북이 아니라
용인 것이다. 용임을 증명할 수 있는 표시는 바로 입에 물고 있는 여의
주如意珠이다. 지난 98년도인가 처음 중국을 방문하였을 때 상해 소주 항
주 제남 곡부를 거쳐 북경까지 갔었는데, 자금성을 구경할 때 큰 기둥들

그림 18) 비석을 지고 있는 비희(다산 정약용의 비)

을 받치고 있는 이 비희를 가
이드가 시종일관 거북이라고
해서 결국은 그것이 거북이
아니고 용이라는 설명을 해준
적이 있었다. 그 당시만 하더
라도 중국의 가이드 수준은
많이 낮았던 기억인데, 대부
분의 답사지에서 오히려 우리
일행이 가이드를 교육시키는
일이 비일비재 하였다. 그런
데 문제는 이 비석을 지고 있
는 용은 언제든지 하늘로 날
아 가버릴 수가 있다. 그래서
이런 비석에는 반드시 비석의
지붕이라 할 수 있는 이수螭首
를 씌워둔다. 이수에는 얼핏

보기에 두 마리의 용이 휘감고
있다. 그러나 사실 이것은 용이
아니다. 말 그대로 이무기인 것
이다. 아직 여의주를 얻지 못해
용이 되지 못한 이무기 두 마리
가 위에서 누르고 있으므로 해서
아래의 용이 날아갈 수 없도록
조처한 것이다. 요즘은 그 조각
에 거북의 입에 여의주를 만들지
않거나, 이무기의 입에 여의주를
만든 경우를 볼 수 있는데 이런
것은 이치에 어긋난다.

그림 19) 용의 상형문자(출처: 『용봉문화원류』)

용은 언제부터 인간의 의식으
로 들어왔을까? 은나라 시기 거
북의 배껍질이나 소의 견갑골에
새겨진 갑골문이나, 청동기에 새겨진 문자인 금문金文에서부터 용과 뱀
의 문자가 나타나는 것으로 보고되고 있다. 그러면서 두 글자는 상형문
의 형태를 완전히 달리하고 있다. 따라서 뱀으로부터 용이 유추되었다
는 설은 설득력이 부족하다.

🦚 용과 동이족

은나라나 주나라의 갑골문자나 금문에 나타나는 용은 대부분 부족의
표시로서 사용되었다고 보고 있다. 그리고 상형문자란 그 특성상 실제
로 존재하는 대상을 묘사한 것이라고 보아야 한다. 용의 글자는 당시에
는 실재했지만 지금은 멸종된 어떤 동물을 토템으로 삼았던 부족이 있
었다고 보아야 한다는 것이다. 그 용은 오늘날 보편적으로 우리가 상상

하는 용과는 분명히 다르다고 보아야 한다. 지금의 용은 상상력이 너무 많이 가미된 것이기 때문이다. 용산문화권에서 발견되는 이 용 글자는 자손들이 조상에게 제사 드리는 모습으로 그려지고 있다. 따라서 용 토템의 부족이 자신들의 조상인 용에게 제사를 드리는 형상이다. 이러한 상형문이 은나라시기에 나타난다는 점은 시사하는 바가 매우 크다. 은나라는 동이족이 중심이 되어 세운 나라이기 때문에 동이족의 토템이 용이었을 가능성이 많기 때문이다. 용산문화권은 동이족의 문화권으로 볼 수 있는 것이다. 만주벌을 가로지르고 있는 큰 강의 이름이 흑룡강黑龍江 아닌가!

중국의 문헌에서 초기에는 용이 악어와 같은 부류로 나타난다. 그런데 재미있는 기록이 보인다. 바로 용과 순임금의 연관성에 대한 내용이다. 『춘추좌씨전』「소공」중에 '유숙안의 후손인 동보董父라는 자가 용을 매우 좋아하여 …용을 길러 제순帝舜을 섬겼다'는 것과, 『습유기』에도 '순임금 때에 남심지국이 암수 각 한 마리의 모룡毛龍을 바쳤다'는 것이 있다. 왜 하필 순임금과 용을 연결시켰을까? 순임금이 동이족이라는 사실은 이미 상식이고, 그에게 용을 바치거나, 용을 기르는 일로써 그를 섬겼다는 것은 그가 용 토템족의 일원일 수 있다는 점을 암시하는 것은 아닐까?

그보다 먼저 이미 앞에서 복희씨가 동이족일 가능성이 충분하다고 언급하였지만, 이제 그 내용을 좀 더 구체적으로 살펴보자. 복희씨와 용과의 관계도 찾을 수 있기 때문이다.

태호씨(太皞氏)는 용으로 일어났으므로 용으로 백관의 관직과 이름을 용으로 하였다 (두예(杜預) 주: 태호는 복희씨이며 풍(風) 씨 성의 조상이다)(『좌전』「소공」).

복희는 비늘 몸이고, 여왜는 뱀의 몸이다(왕연수, 『노령광전부(魯靈光殿賦)』).

복희는 그물을 만들어 이것으로 고기를 잡아 희생을 하였으므로 천하가 그를 포희씨(炮犧氏)라고 불렀다(『한서율력지』).

춘황(春皇)은 포희의 별칭이다(『습유기』).

포희가 하늘을 이어서 왕이 되니 모든 왕보다 먼저였다, 첫 번째 덕이 목(木)에서 시작되었으므로 태호(太昊)의 제가 되었다(『한서율력지』).

이상을 종합해 보면, 복희씨는 태호씨太皞氏 또는 태호씨太昊氏 그리고 포희씨炮犧氏로도 불렸으며, 춘황春皇으로 칭해졌음을 알 수 있다. 그리고 그가 용과 밀접한 관계가 있다는 것도 알 수 있다. 또 그가 처음으로 희생을 잡아 제사를 드린 인물이며, 오행 중에서 목덕木德을 타고나서 첫 황제가 되었음도 알 수 있다. 그가 풍 씨의 시조임도 말하고 있다.

그림 20) 복희

음양오행설이나 『주역』의 「선천역」을 말하는 사람들은 모두가 역사가 동쪽이나 동북쪽에서 시작되었음을 주장한다. 그 방향은 곧 오행의 목木에 해당하는 방위이며, 목은 곧 바람風의 상징이므로 그가 풍 씨의 조상이 되었다는 것은 당연한 논리이다. 그리고 그가 희생을 잡아 제사를 드렸다고 하는 것은 곧 동이족의 고유한 풍습이었다. 후대의 상(은)나라 사람들이 동이족으로써 중국을 지배할 때 가장 기본적인 국가통치의 원리가 하늘과 조상에 대한 제사였다는 사실은 이미 상식이다. 또 그가 여왜와 다른 신체 즉 여왜는 뱀의 몸이라고 하였지만 그는 비늘을 가진 몸이라고 한 것이나, 그가 용으로 일어났다고 하는 것은 쉽게 말하자면 그의 출신이 용 토템족이라고 보아야 한다는 말이다. 아전인수我田引水격의 근거들만 가져와서 이렇게 연결하면 복희씨가 동이족이며 용 토템의 부족출신으로서 제사문화를 토대로 세상에 첫 황제가 된 인물이라는 점을 주장할 수 있게 된다.

그림 21) 치우천황

한 가지 더 재미난 가설을 가져오자면, 바로 치우蚩尤천황에 대한 이야기이다. 중국민족의 우상인 황제와 치열한 전쟁을 치른 동이족의 천황이 바로 치우이다. 우리는 먼저 그의 이름에 천황이라는 칭호를 붙이고 있음에 유의해야 한다. 중국의 왕대유王大有는 『용봉문화원류龍鳳文化源流』라는 책을 야심차게 저술했는데, 이는 중국민족의 우월성을 과시하기 위한 목적에서였다.[2] 그런데 그 속에서 본인의 의도와는 어긋나게 동이족의 우월성을 주장하는 내용이 많이 있음을 발견하게 된다. 그의 책을 조금만 주의 깊게 읽다보면 그런 점들을 무수하게 찾을 수 있다. 그 한 예가 바로 치우천황에 대한 이야기이다. 그는 치우가 용을 토템으로 하는 복희씨족의 일원일 것이라고 말하고, 또한 황제와의 전쟁인 저 유명한 '탁록涿鹿전투'에서 결국 황제에게 패했다는 주장을 하고 있다.[3]

왕대유는 치우가 죽은 후 그의 족쇄를 풀자 그 나무토막이 단풍나무楓木가 되었다고 하며, 그 이유는 치우가 복희씨의 후손인 풍 씨였기 때문이라고 말하고 있다. 또한 치우가 황제와 싸울 때 '풍백우사風伯雨師를 청하여 큰 비바람을 일으키게 할 수 있었다'는 기록을 인용하고 있다. 그리고 당연히 풍백우사는 태호풍족과 용족의 신화라고 한다. 당연한 말이다. 한웅이 하늘에서 내려올 때 가지고 온 것이 바로 '풍백우사'가 아니었던가! 동이족은 바람과 비를 다스리는 능력이 있었던 것이다. 비는 용이고, 바람은 봉鳳이다. 그는 동이족의 토템에 봉도 포함되어 있음을 말하여 용과 봉이 모두 동이족과 밀접한 관련이 있음을 인정하고 있는 셈이 되었다.[4]

---

2) 그의 가장 큰 의도는 아메리카 문화의 원류가 중국 은나라라는 것이다. 주나라에게 멸망당한 은나라의 후손들 중의 많은 수가 배를 타고 아메리카로 이주하여 인디언 문화를 이루었다는 사실을 증명하고자 하였다. 그 하나의 예로 든 것이 '인디언'이라는 말인데, 바로 은나라 사람이라는 뜻의 '은지인(殷地人)'이라는 말이라고 해석하는 식이다.

3) 이 사건에 관해 많은 역사가들이 치우가 황제에게 패했다고 하고 있지만, 단재 신채호는 여러 가지 자료를 고증하여 오히려 치우가 황제를 사로잡아 항복받고 훈계하여 방면하였다고 논증하고 있다. 황제가 사로잡았다는 치우는 천황이 아니라 같은 이름의 장군이었다는 것이다.

4) 용과 봉에 대한 이야기의 원전 인용은 대부분 왕대유의 저서인 『용봉문화원류』(북경: 공예미술출판사, 1988)에서 했음을 밝힌다. 치우에 관한 이야기도 그의 책을 참고로 하였다. 이 책은 국내에서 번역되어 출판되었는데, 임동석 역, 『용봉문화원류』(동문선, 문예신서 42, 1994)이다.

사신(四神)과 별자리

이제 용에 대한 또 다른 이야기를 해 보자. 바로 사신도四神圖에 대한 이야기이다. 오늘날 우리나라의 옛날 책들은 대부분이 중국 특히 당나라의 침입으로 거의 소실되거나 약탈당하고, 그나마 남은 것들은 일제강점기에 일본이 강탈해가고 거의 없는 실정이다. 그런 일에는 『삼국사기』를 저술한 김부식의 역할도 큰 몫을 했지만! 그는 자신이 참고한 옛날의 역사서들을 자기의 관점에서만 발췌하고 우리의 고유한 자랑스러운 역사를 서술하고 있는 내용들이 중국의 입장과 배치된다는 생각으로 모두 불에 태웠다고 한다. 중국의 문헌에 나타나는 사신도에 대한 기록은 『여씨춘추』『사기』『회남자』등에 수록되어 있다. 원래 사신四神은 하늘의 사방 별자리 이름이었다. 동양에서는 예로부터 하늘의 별자리를 28개로 나누어 사방에 각 일곱 개의 별자리를 배치했는데, 이를 28수宿라고 한다. 별자리를 28개로 정한 것은 한 달의 일수에 맞춘 것으로 달이 매일 하루씩 자고宿 가는 곳이라고 여겼기 때문이다. 사방의 7개 별자리를 하나의 그림으로 그려낸 것이 바로 청룡 주작 백호 현무의 사신이다.

그림 22) 강서대묘의 사신도

사신도의 형태는 앞에는 주작朱雀, 뒤에는 현무玄武, 왼쪽에는 청룡靑龍, 오른쪽에는 백호白虎가 있다. 필자가 알고 있는 바로는 현재까지 이 사신도가 가장 빠른 시기에 그려진 것은 한나라 때지만, 조조로부터 비롯된 위나라를 강탈한 사마 씨의 서진西晉시대 고분에서 많이 나타나는데, 그것도 희한하게 중국 서역의 투루판 부근 아스타나 고분군에서도 발견되고 있다. 그곳은 오래 전부터 복희씨의 고향이라고 원주민들이 주장하고 있는 곳이다. 그곳 고분에서 발견된 사신도는 사방에 작은 감실 같은 것을 만들어 조그만 석판에다가 그린 것으로 규모가 아주 작다. 그 이후 남북조시대에는 낙양 인근에서 발굴된 고분에서 그와 유사한 형태나 크기의 사신도가 더러 발견되었다.

그런데 지금까지 발견된 가장 큰 규모의 사신도는 고구려의 왕 무덤으로 추정되는 '강서대묘'의 것으로 보인다. 그 규모나 화려함은 그림으로만 보아도 실로 감탄이 절로 나온다. 그리고 또 하나, 멋진 사신도와 함께 하늘의 28수를 비롯한 별자리를 정교하게 그린 고분벽화가 있으니 바로 일본 아스카飛鳥의 기토라 고분에서 발견된 것이다. 6세기경에 그

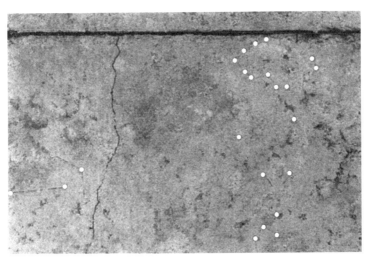

그림 23) 아스카 고분의 천문도(출처: 『나의 문화유산답사기』 일본편)

려진 것으로 보이는 이 벽화는 발견 당시 일본 학계를 놀라게 했다. 일본 문화의 우수성을 자랑할 수 있는 획기적인 기회였기 때문이다. 그런데 이것을 연구하던 일본학자가 밝힌 바에 의하면 이 벽화는 고구려 사람이 그린 것이라는 것이다. 천문도를 그린 지점이 고구려의 평양성을 기준으로 하고 있었기 때문이었다.

그렇다. 고구려의 사신도는 천문도와 함께 그려져서 그 찬란함을 빛내고 있었다. 현재까지 남아있는 천문도는 중국의 것이 가장 오래되었지만, 사실 우리 역사에는 고구려 때에 아주 정교한 천문도를 돌에 새겨서 왕궁에 보관하고 있었다는 기록이 있다. 당나라가 고구려를 멸하고

그림 24) 천상열차분야지도

이 천문도를 중국으로 가져가려고 배에 실었으나 그 배가 대동강에 침몰하여 영원히 강물 속에 잠겨버렸다는 것이다. 그러나 조선의 개국 직후 태조 이성계는 왕조의 정통성을 주장하기 위한 방편으로 고구려 천문도의 필사본을 구하여 새로운 천문도를 만들었다. 그 중앙원에는 당시 한양을 중심으로 그린 별자리를 그리고서 밖의 원에는 고구려 때에 그린 천문도의 별자리를 그대로 그려 넣어서 제작한 것이 오늘날

고궁박물관에 있는 '천상열차분야지도'이다. 이것은 고대천문도 중에서 가장 정교한 것으로 인정받고 있다.

천문에 대해서는 우리민족이 오래 전부터 특별한 지식을 가지고 있었던 것이다. 일찍이 하늘임금 한인의 아들 한웅이 지상에 내려와 나라를 열어 다스렸다는 건국신화에서 알 수 있듯이 우리는 하늘의 자손 즉 천손으로서 고향인 하늘에 대해 많은 지식을 축적했던 것이다. 이에 반해 중국 민족의 시조 설화는 여와로부터 비롯된다. 뱀의 몸통을 한 그녀가 황토 흙으로 하나하나 인간을 빚다가 지쳐서 새끼줄에 황토진흙을 묻혀 뿌려서 튕겨나간 흙덩이들이 모두 인간으로 변했다고 한다. 그래서 중국에는 손으로 빚은 인간과 새끼줄로 뿌려 만든 백성이 처음부터 엄연한 신분질서를 가지고 태어나게 되었다. 그렇게 만든 나라이기에 그들은 항상 인민人民이라고 지칭하였다. 지배자와 피지배자 내지는 귀족과 노예를 합성하여 만든 용어이다. 오늘날도 그들의 나라는 중화인민공화국이다.

좀 장황하였지만, 결국 우리민족과 천문도 그리고 사신도의 그림이 가지고 있는 밀접한 연관성의 근거를 제시하고자 한 이야기다. 하늘의 별자리인 28수는 계절에 따라 차례대로 나타난다. 봄의 시작인 음력 1월부터 저녁이 되면 동쪽하늘에 용의 뿔부터 나타나기 시작한다. 그렇게 봄이 다 지나갈 때까지 그 용은 차례대로 목을 드러내고 몸통을 드러내고 마지막에는 꼬리까지 드러낸다. 그 용은 창룡蒼龍 즉 푸른 용이다. 그리고 여름이 되면 동쪽하늘에는 주작이 날아오르기 시작하고, 가을이 되면 백호가 머리부터 땅 속으로 들어가는 모습을 보이다가, 겨울이 되면 현무가 숨어드는 모습을 순서대로 수놓는다. 이런 모습은 28개의 별자리를 각각 7개의 별자리로 나누어 그림으로 형상화한 것이다. 별자리와 사신의 모습은 그렇게 원래부터 일체였다.

이제 다시 이야기를 본줄기로 돌이켜보자. 복희씨는 동이족이며 용 토템족으로 봄의 상징이며 역사의 시작이었다. 용은 동쪽의 상징이며,

그림 25) 28수와 사신의 그림(출처: 대유학당의 사신도)

이는 하늘의 법칙이었다. 원래 사방의 신으로 인식된 사신에서 창룡은 있지만, 중국이 주장하는 중앙의 황룡은 처음에는 없었던 것이다. 진정한 용 문화는 동이족의 소산이었다. 나중에 중국이 자신들이 황토 위에 산다는 점을 들어서 힘의 상징으로 억지로 황룡을 중앙에 끌어들였으니, 이는 괜히 용을 두 가지로 나눈 셈만 되었다. 그들은 오히려 중앙에 땅강아지나 기린을 상징으로 그려 넣는 것이 이치에 맞았을 것이다. 중국 민족에게 기린은 오래 전부터 숭상의 대상이 되었던 것이 사실이기 때문이다.

6. 봉(鳳) 이야기

봉의 역사

이제 뜬금없는 이야기 같지만 봉 이야기를 좀 해볼까 한다. 아니 사실은 앞에서 이미 '청오' 또는 '청조' 그리고 봉 토템에 대해서 잠시 언급한 적이 있다. 봉은 보통 황鳳과 더불어 지칭되는데, 수컷을 봉이라 하고 암컷을 황이라 하며 합하여 봉황이라고 부른다. 우리나라 청와대의 상징이 봉황이다. 그 생김새는 새와 비슷하지만, 앞모습은 큰기러기, 뒷모습은 사슴, 뱀의 목, 물고기 꼬리, 황새의 이마, 원앙새의 수염, 제비의 턱, 닭의 부리, 사람의 눈, 올빼미의 귀, 두루미의 발, 매의 발톱, 용의 무늬에 거북의 몸통 등으로 형상된다. 그 신체는 각각 오덕을 갖추고 있으니 머리에는 덕, 목에는 의, 등에는 인, 심장에는 신, 날개는 예를 상징하고 발로는 정正을 밟고 꼬리는 무武를 띄고서 노래하고 춤을 춘다. 그 이름도 다양하여 붉은색은 봉, 푸른색은 난鸞, 황색은 원추鵷雛, 자색은 악작鸑鷟, 흰색은 곡鵠이라 한다. 그 밖에도 50여 가지의 이름이 있는데 대표적인 것으로는 곤붕鯤鵬 초명焦明 현조玄鳥 준오踆鳥 황조皇鳥 천계天鷄 청조靑鳥 등이다.

1] 단봉조양丹鳳朝陽	4] 지조鷙鳥	7] 현조玄鳥
2] 준오踆烏(蹟)	5] 고니(鵠)	8] 주작朱雀
3] 난조鸞鳥	6] 황凰	9] 공조孔鳥

그림 26) 봉의 그림: 봉가족(鳳家族)(출처: 『용봉문화원류』)

　봉은 새 중의 왕으로서 '동방 군자의 나라에서 나와 사해의 밖까지 난
다出于東方君子之國 翱翔于四海之外'라고 하였고, 『좌전』「소공」에서는 봉조씨가
역법을 관장하는데 청조씨는 입춘부터 입하까지를 관장한다고 하였다.
각 방위별로 관장하는 봉의 색이 다르지만 중요한 점은 봉이 동방에서
나온 것이고, 입춘부터 입하까지 봄을 관장하는 봉은 청조라는 것이다.
청색은 오행의 동쪽색이며 청룡과도 일치하는 방향이다. 봉을 묘사하는
그림 중에서 가장 대표적인 것이 이른바 '단봉조양丹鳳朝陽'의 그림이다.
즉 아침 해와 함께 묘사된 봉의 모습이다. 이것은 닭과 연관된 내용으로
서 닭이 울어야 아침 해가 떠오르는 모습을 상징하여 봉과 아침 해가 밀
접한 관계가 있음을 나타내고 있다.

그림 27) 단봉조양도

각 방위별로 배당된 봉의 종류가 있지만 동쪽에는 청조 즉 푸른색의 봉이 배당되었고, 이것은 떠오르는 아침 해와 관련 있음을 알 수 있다. 여기서 우리는 최초의 풍수서 이름이 『청오경』 또는 『청조경』이라고 한 것의 의미를 찾을 수 있다. 풍수는 생명의 기운을 중요시 하고 있다는 점이다.

봉과 동이족

여기서 봉에 대한 몇 가지 기록을 인용해 보자.

순 임금이 이르기를, 짐이 의롭지는 못하지만 백 가지 동물 중에서 봉이 새벽을 지키듯 하리라.

순 임금의 아버지가 잠을 자다가 꿈에 봉황을 보았는데 스스로 닭이라고 하였다.

봉이 있고 황이 있어 임금의 마음을 즐겁게 한다.

봉황이 이르렀는데 머리가 닭의 볏과 같다.

봉황이 울도다, 저 언덕에서! 오동나무가 자라도다, 아침 햇살 받으며.

동방을 석(析)이라 하며 봉(鳳)을 협이라 한다. 남방을 염(炎)이라 하며 그 봉(鳳)을
…

이에서 알 수 있는 것은 순임금이 봉과 관계가 많다는 사실이다. 순임금의 아버지가 태몽으로 봉 꿈을 꾸고서 순을 낳은 것으로 보이며, 순임금은 스스로 봉이 새벽을 깨우듯 맑은 정치를 행하겠다는 의지를 나타내고 있는 것이다. 세종대왕 때에 만든 궁중음악의 하나에 '봉래의鳳來儀'라는 「정재呈才」가 있다. 이는 순임금이 어진 정치를 행하자 '봉이 찾아와서 예를 드렸다'는 고사에서 따와서 음악의 이름으로 한 것이다. 또한 봉이 나타나면 임금의 마음이 즐겁다고 했으니 이는 자신이 어진 정치를 행하고 있음을 증명하는 것이기 때문이리라. 또한 봉은 일찍부터 오동나무에만 깃든다는 사실을 『시경』을 인용하여 말하고도 있다. 그것도 아침햇살과 연관시켜서! 게다가 '동방을 석이라 하며 봉을 협'이라 한 것은 동쪽에서 불어오는 바람을 협이라 한 것으로 옛날에 봉이라는 글자는 바람 풍風과 같은 뜻으로 쓰였다. 곽말약郭末若과 같은 학자들도 이를 증명하였다. 봉은 곧 바람이었고, 바람은 오행의 목에 해당하며, 목의 방향은 동쪽이라는 사실은 거듭하여 말한 바이다. 동이족이 봉과 깊은 관계가 있다는 사실이 거듭 밝혀지는 것이다.

봉은 신조(神鳥)이다. 동방의 군자국(君子國)에서 나는데, 사해(四海)의 밖에서 날아올라, 곤륜산(崑崙山)을 지나서 지주(砥柱)에서 물을 마시고 약수(弱水)에서 깃을 씻고, 저녁에는 풍혈(風穴)에서 잔다. 이 새가 나타나면 천하가 크게 태평해진다(『설문』).

동쪽으로 오백 리를 가면 단혈산(丹穴山)이 있는데 그 산에는 금과 옥이 많이 있다. 단수(丹水)가 여기서 시작하여 남쪽으로 흘러 발해(渤海)로 흐른다. 새가 있는데 그

생김새가 닭과 같고 오색의 채색무늬가 있으며 봉황(鳳凰)이라고 한다(『산해경』「남산경」).

위의 인용문에서 『설문』에 나오는 내용은 봉황이 동방의 군자국에서 나는 것이라고 하면서 서북의 곤륜산으로 갔다가 황하의 지주에서 물을 마시고 저녁에는 다시 풍혈에서 잔다고 했다. 풍혈은 곧 동방을 뜻한다. 봉황은 언제나 태평성대와 관련 있음도 말하고 있다. 『산해경』의 기록도 봉황에 대해서 말하고 있는데, 그 지역은 중국이 아니라 북동쪽임을 분명히 하고 있다. 이는 고대 동이족의 근거지인 지금의 만주와 흑룡강 일대를 지칭하는 것이라고 보아야 한다. 봉황은 동이족의 토템인 것이다.

중국에서는 『장자』의 「소요유」편에서 '대붕大鵬'이 등장하고, '봉황은 벽오동 나무가 아니면 깃들지 않고 대나무 열매가 아니면 먹지 않고 예천醴泉이 아니면 마시지 않는다'고 했다. 나중에 중국에서는 이 봉이 남방의 상징이 되었고, 주작으로 변했다. 중국인들은 오직 용에 온 정신을 빼앗겼다. 반면에 우리나라에서는 봉이 중시되었다. 원래 동이족의 전통 속에서 용과 더불어 숭상되었던 토템인 봉이었지만, 용은 중국의 전유물처럼 되었고 봉은 우리나라에서 새로운 모습으로 생명력을 찾았다.

7. 힘의 상징 용, 덕의 상징 봉

중국의 용, 한국의 용

오늘날 중국을 여행하다보면 그야말로 곳곳에서 용을 만나게 된다. 사방천지에 용이 없는 곳이 없다. 어린이들의 장난감부터 시작하여 곳곳에 특히 산서성 대동大同에 있는 것과 같은 구룡벽九龍壁을 만들어 두었고, 온 산천이 용과 관계된 전설로 가득하여 그야말로 용궁에라도 온 것 같은 느낌을 받게 된다. 그 결정판은 자금성 황궁이라고 할 수 있다. 황제의 정전인 건청궁은 온통 용으로 휘감겨 있다.

그림 28) 중국 어디서나 볼 수 있는 구룡 부조

그림 29) 대동의 구룡벽과 그 가운데의 용

　용을 좋아한 중국인들에게 있어서 그것은 바로 힘의 상징이었다. 우리는 흔히 '용 꿈 꾸었다'라고 하고, '봉 잡았다'라고 한다. '용 꿈'은 출세의 상징이다. 과거에 급제하거나 벼슬에 오르거나 하는 등 갑자기 부귀공명을 얻게 될 때 쓰는 말이다. 이른바 '등용문登龍門이라는 고사성어도 그런 뜻이다. 용문이라는 매우 물살이 급한 폭포를 뛰어오르는 물고기는 용이 된다는 말로서 곧 과거에 급제하는 것을 비유하였다.[1] 반면에 '잡은 봉'은 행운의 상징이다. 자신의 처지에서 운수 좋게도 자신보다 나은 든든한 울타리를 만났을 때 쓰는 말이다. 흔히 결혼식장에서 신랑 신부가 '봉 잡았다'고 외치도록 사회자가 시키는 경우를 볼 수 있는 것이 이를 대변한다. 이런 경우에 '용 꿈 꾸었다'고 하는 것은 어울리지 않는다.

그런데, 용은 시대의 진행에 따라 점점 더 큰 힘을 상징하게 되었다. 중국에서도 명나라에 이르기까지는 용을 누구나가 상징으로 사용해도 크게 문제될 것이 없었다고 한다. 그것이 명나라에서부터 점점 황제의 전유물처럼 변해갔다고 한다. 곧 절대 권력의 상징이 되어간 것이다. 결국 청나라에 오게 되면 황제 이외에는 용을 사용할 수 없게 하는 지경에까지 이르게 되었다. 그나마 제후국들에서의 왕들은 용을 사용할 수 있게 하는 대신에 그 힘의 상징인 발톱의 수를 제한하였다. 오직 황제만이 발톱이 일곱 개인 칠조룡七爪龍을 사용할 수 있었으며, 제후들은 그 등급에 따라 발톱이 다섯 개인 오조룡이나 발톱이 세 개인 삼조룡만을 사용할 수 있었다. 황제의 앞에서 용을 언급하는 것 자체가 반역의 의미로 받아들여졌다.2) 하나의 매우 드문 예외가 있는데, 바로 대원군이 복원한 경복궁 근정전 천정에 그려진 용이다. 대원군은 경복궁에 칠조룡을 그렸으니 그 대담한 기개는 높이 살만하다.

---

1) 이 고사는 후한의 이응(李膺)과 관련된 것으로 그는 매우 청렴결백한 관료였기에 젊은 관리들이 그와 한 번 마주하는 것만으로도 등용문이 된다고 여겨서 매우 자랑으로 여겼다고 한다. 오늘날에도 이와 같은 청렴한 정치인을 바라는 것은 국민들의 마음이건만 권력자들은 오직 뇌물을 들고 오는 사람들만 만나주는 것처럼 느껴질 때가 많으니 한심한 세태이다.
2) 춘추시대에는 우임금이 제작했다는 아홉 개의 솥 즉 구정(九鼎)이 절대 권력의 상징이었다. 이 구정에 대한 이야기를 언급하는 것은 반역의 뜻으로 받아들여졌었다. 이 구정이 황하에 빠져 없어지고 난 이후에는 화씨벽으로 만든 옥새(玉璽)가 황권의 상징이었는데, 이것마저 사라지고 난 이후에 드디어 용이 서서히 절대 권력의 상징으로 부상한 것이다.

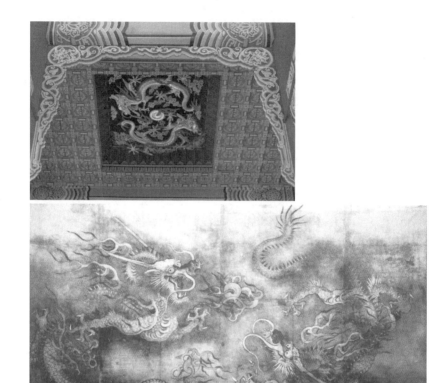

그림 30) 경복궁 근정전의 칠조룡과 사정전의 사조룡(출처: 『한양 풍수와 경복궁의 모든 것』)

　그렇게 중국의 용과 우리나라의 용은 여러 가지 면에서 특징을 달리
하게 되었는데, 우선 용의 크기부터가 차이가 생겼다. 중국인들의 공갈
즉 뻥은 모두가 익히 알고 있지만, 그들에게는 모든 산맥이 용이며, 황
하도 용이고, 황제도 용이어서 통상 '진룡천자眞龍天子' 즉 '진짜 용인 하
늘의 아들'이라고 칭한다. 용이 사람보다 훨씬 고귀한 존재인 셈이다.
이는 물론 절대 권력에 대한 별칭일 것이다. 그들이 산과 강 그리고 건
축물 등에 이름 붙이거나 그리고 조각한 용들은 그 크기가 실로 대단하
다. 반면에 우리나라에서는 용이 점점 작아졌다. 우리나라에서는 가장

큰 산맥도 '백두대간'이라고 말하지 용맥이라고 말하지 않는다. 풍수에서도 용이란 개념을 별로 사용하지 않는다. 그저 명당 중에 '회룡반조廻龍返照'라는 명칭 정도일까! 흔히 우리는 '개천에서 용 났다'고 한다. 쉽게 말하면, 촌놈이 출세했다는 뜻으로 쓰이는데 개천에서 난 용이 얼마나 크겠는가! 우리가 쉽게 만나는 용은 폭포 이름이거나 산 속을 흐르는 물이 고여서 소沼를 이룬 곳에서이다. 즉 산골짝의 비룡폭포나 구룡폭포 또는 용소龍沼가 그것이다. 그런 정도 크기의 폭포나 소에 있는 용은 또 얼마나 크겠는가! 그나마 그 용도 여의주를 얻어 승천한 용보다는 불의의 상황을 당하여 아직 이무기 신세로 물에 잠겨있는 경우가 많다. 중국의 용에 비하면 솔직히 도룡용 정도의 크기라고나 할까! 게다가 그나마 제법 큰 용이라고 할 수 있는 한 마리의 용마저 나당연합군이 백제를 멸하고 난 이후 당나라 장수 소정방이 백마강에서 백마를 미끼로 낚아버렸다는 설화가 전한다. 백마를 미끼로 낚을 정도의 용이라면 제법 큰 용이었을 것인데, 중국인이 낚아버렸다는 이야기를 만들어 퍼뜨려서 백제인의 기상을 꺾었던 것이다. 중국이 용을 힘의 상징으로 만들어 전유물로 사용함으로 해서 우리는 상대적으로 용이 기피의 대상이 되었고, 이제 오히려 덕의 상징인 봉을 가까이 하게 되었다.

봉은 문덕(文德)

이미 언급한 것처럼 봉은 덕으로 정치를 행할 때 나타나는 신령한 동물이다. 덕치를 도우는 동물이며, 태평성대를 경하하여 예를 갖추고 춤을 추는 동물이다. 약소국은 절대 권력의 상징인 용을 말하는 대신에 덕으로 정치를 베풀어 태평성대를 백성들에게 가져다주려는 상징으로 봉을 말하게 되었다. 봉은 군자의 상징인 것이다. 덕치를 행할 수 있는 자질을 갖춘 훌륭한 인재가 봉이며, 힘없는 사람에게 행운으로 다가와 보살펴주는 따뜻한 사람이 봉이다. 나의 복에 넘치는 멋지고 자애롭고 울타리가 되어주는 사람이 봉이다. 중국에 비해서 제후국을 자처하는 주변 국가들은 용이 아니라 봉을 상징으로 삼게 되었다. 그러니 슬퍼하지 말자! 힘의 상징인 용보다는 덕의 상징인 봉이 더욱 값진 동물이니까! 야만시대의 상징인 무력

그림 31) 청와대 봉황문양

武力의 용보다는 문명시대의 상징인 문덕文德의 봉이 훌륭하지 않은가! 우리나라 대통령을 상징하는 문양이 봉황문鳳凰紋이다. 청와대의 주인이 봉황에 해당된다고 하겠다. 지금은 한 쪽이 없는 상태이지만!

그렇지만 여기서 한 가지 우리의 고대사에서 나타나는 용과 봉에 대한 이야기는 언급하고 넘어가자. 흔히 삼국시대라고 부르는 시기는 가야가 신라에게 병탄되기까지는 사국시대라고 불러야 한다. 그 당시 권력의 상징 중에서 대표적인 것이 손잡이 끝의 고리가 둥근 고리모양으로 생긴 환두대도環頭大刀이다. 최근까지의 고고학적 발굴에 의해서 그 당시의 무덤들에서 출토된 환두대도가 여러 자루 있다. 그 가운데는 용 문양이 장식된 용문환두대도와 용과 봉황이 같이 장식되어 있는 용봉문환두대도 그리고 봉 장식이 되어 있는 단봉문환두대도 등이 있다.

그 중 용문 또는 단봉문환두대도는 백제와 가여지역의 대형무덤에서 주로 출토 되었다고 한다. 특히 용문환두대도는 공주의 무령왕릉과 합천 옥전의 M3호분에서 출토된 것이 유명하다고 한다. 그리고 옥전 M3호분에서는 단봉문환두대도 1자루, 용봉문환두대도 2자루, 용문장환두대도 1자루 등 모두 4자루의 용봉문환두대도가 한꺼번에 출토되어 학계의 관심을 끌었다. 이 무덤은 그때까지 알려진 6가야에 속하지 않는 다라국의 유적으로 판명되었다. 이로써 보면, 중국의 당나라가 신라와 연합하여 삼국을 통일하여 한반도에서 그 영향력을 확대하기 전까지는 우리 고유의 동이족 토템을 계승한 용과 봉에 대한 숭상과 상징으로서의 사용이 엄연히 있었음을 알 수 있다.

그림 32) 용봉문환두대도(국립경상대학교
박물관 제공)

그림 33) 단봉문환두대도(국립경상대학교
박물관 제공)

　나아가 백제에서는 용과 봉에 대한 또 다른 유적을 확인할 수 있다. 벽돌이 그것이다. 부여의 옛 절터에서 출토된 벽돌에서는 여덟 가지 문양을 확인할 수 있는데. 그 중에서 보물 제343-6호로 지정된 '봉황문전'과 제343-2호로 지정된 '산수봉황문전' 그리고 제343-5호로 지정된 '반룡문전' 등은 용과 봉을 부조로 새긴 벽돌이다. 당시의 사찰이 왕족이나 귀족 중심으로 운영되었다고 할지라도, 절의 건축에서 용과 봉을 문양으로 새긴 벽돌을 사용하였다는 사실은 커다란 상징적 의미가 있다. 그러기에 소정방이 백마강에서 용을 낚은 것인지도 모를 일이다.

🦚 『주역』의 「건괘」

　『주역』「건괘」의 해석에서 양효로만 구성된 여섯 개의 효는 각각 용으로 상징된다. 맨 아래의 용은 물에 잠긴 잠룡潛龍, 두 번째의 용은 물밖으로 나온 현룡見龍, 세 번째는 군자로 상징되는 용, 네 번째는 날아오르기 위해서 도약하는 용, 다섯 번째는 뜻을 얻어 하늘을 나는 비룡飛龍,

여섯 번째는 꼭대기까지 올라가 이제는 떨어지기만을 기다리며 후회하는 항룡亢龍이다. 또한 인간의 신분으로 보면 첫 번째는 서민, 두 번째는 선비, 세 번째는 대부, 네 번째는 공경公卿, 다섯 번째는 천자, 여섯 번째가 군자이다. 그렇다. 군자가 천자보다 더 위의 존재이다. 덕이 없는 천자가 꼭대기에 오르면 후회할 일만 있지만, 오직 덕을 갖춘 군자라야 그런 경우에도 흔들림 없이 후회하지 않고 허물이 없을 수 있다는 것이다. 힘보다는 덕이 더욱 중요함을 「건괘」는 웅변적으로 나타내고 있다. 세상은 아직 무력의 시대라고 할 수 있지만 결국에는 무력이 아니라 참된 인간성으로 귀결되는 시대가 도래할 것이다. 역사는 나선형 구조로 순환하므로!

봉의 국가를 자처한 우리나라는 중국에 비해서 봉에 대한 이야기가 아주 많다. 곳곳에 봉과 관련된 지명과 이야기가 있다. 산 이름도 저수지 이름도 오동나무에도 대나무 숲에도 풍부한 이야기 거리를 담고 있는 봉의 전설이 서려 있다. 그래서 이 책의 제2부에서는 우리나라의 영남을 중심으로 남아있는 봉과 관련된 도시들의 이야기를 풀어볼 것이다. 그리고 그보다 먼저 사람이 사는 터전으로서의 명당이 어떤 곳인지 중국의 자금성과 우리나라의 경복궁을 비교해 봄으로써 풍수이야기에 대한 기초를 조금 이해하고 넘어가자!

8. 자금성

🦅 중국의 도성

중국의 수도는 대체로 장안 낙양이 중심이 되었지만, 제갈량은 남경을 제왕의 자리라고 하였고, 주희는 천하의 중심을 잡아서 그곳을 산서성의 기주冀州 즉 요임금이 도읍하였던 곳이라고 보고서 풍수설을 제기하였다. 주희는 그의 학설이 절대 진리라고 믿었던 대표적 인물이다.[1] 그는 성리학으로 천하의 사상을 하나로 통일하려 했던 만큼 중화에 대한 우월의식이 대단했다. 그래서 그는 중국 전체를 하나의 풍수설로 설명하기도 했으니, 바로 요임금의 도읍지가 천하의 중간이라고 보고 태산을 좌청룡, 화산을 우백호, 연산을 주산, 숭산을 남주작, 그 앞으로는 회수 남쪽의 산들과 강남의 여러 산들이 이중삼중으로 안산이 된다고 하였다. 당연히 황하는 첫 번째의 큰 득수得水가 되고 장강은 두 번째의 득수가 된다. 그곳은 십이지의 방향으로 자子의 위치를 형성하는 격국이기에 가장 좋은 풍수라고 주장하였다. 이러한 그의 발상은 당시 남송의

---

1) 주희는 모든 면에서 그의 이론에 맞서는 사람들은 철저히 배격했다. 그는 육상산을 맹자 당시의 고자(告子)에 비유했으며, 오랜 친구였던 여조겸(呂祖謙)도 만년에는 『시경』에 대한 의견 차이로 배척했다. 그에 의해 역사적으로 억울하게 폄하된 인물은 무수하며, 반대로 그의 입장에 동조한 사람들은 그 결함이 많을지라도 덮어주었다. 그랬기에 그도 결국 만년에는 영종의 미움을 사서 불행하고 외로운 최후를 맞았다. 그러나 희한하게도 주희는 이후 중국에서보다 오히려 우리나라에서 절세의 성인으로 추앙받고 있으니 참으로 알다가도 모를 일이다.

입장에서 잃어버린 중원을 회복해야 한다는 염원을 담은 것이기도 했다.

중국역사에서 지난 700년을 알고 싶으면 북경을 보라는 말이 있다. 몽골족이 1271년부터 1368년까지 97년간 중국을 지배하면서 편의상 두 개의 수도를 두었다. 하나는 몽골에 있는 수도인 카라쿠롬으로 일명 상도上都라고 불렀고, 또 다른 하나는 오늘날의 북경에 새로운 계획도시를 건설하여 대도大都라고 불렀다. 대도는 다른 이름으로 연경燕京이라고 하였는데 그 옛날 춘추전국시대 연나라가 도읍으로 삼았던 곳이기 때문이었다. 원나라 황제는 겨울에는 북경에서 지내고 여름에는 시원한 카라코롬에서 지내면서 천하를 통치하였다. 연나라는 고대사에서 우리나라와 끊임없이 다투었던 나라이고, 그 지방 사람들은 용맹함으로 이름났다. 저 유명한 『삼국지연의』의 장비가 싸움에 나설 때면 언제나 큰 소리로 먼저 외친 말이 "연나라 사람 장비가 여기 있다. 상대할 사람은 나오라!"는 것이었다. 소설에서의 장비는 술 좋아하고 무식하고 고집 세고 싸움만 잘 하는 것으로 묘사되고 있으나, 사실 장비는 싸움뿐만 아니라 학식과 문장도 관우나 유비보다 월등하게 뛰어났다고 한다.

지금의 북경은 당시 옛 연나라의 수도였던 연경에서 약간 옆에 넓은 터를 잡아서 대규모의 계획도시로 설계되어 만들었다. 그리고 자금성의 확대판이 바로 북경성이다. 북경시 전체가 하나의 계획도시라는 말이다. 지난 번 북경올림픽의 주경기장인 '새둥지鳥巢'도 자금성 내지는 북경성의 기본설계에 맞추어 자금성의 중앙축 선상의 북쪽에 건축하였다. 원나라 때에 건축되고, 명나라 때에 와서 대대적으로 자금성의 건축이 새롭게 진행되어 거의 오늘날과 비슷한 모습이 되었다. 황제가 거처하는 황궁인 '자금성紫禁城'이란 이름은 하늘나라의 천제가 거주하는 자미원紫薇元에서 '자'를 따오고, 임금이 거주하는 곳에는 누구도 함부로 출입할 수 없다는 개념으로서 '금중禁中' 혹은 '성중城中'이라는 개념이 합성되어 만들어진 이름이다. 상식이지만 북경은 명나라가 건국초기에 남경을 근거로 일어나 대도를 점령한 후 한동안 지나고서 영락제 주체朱棣2) 때에

이르러 대대적인 황궁 조성공사를 하고서, 원나라의 제도를 모방하여
수도를 남북의 이원체제로 운영하면서 남경에 대비되는 개념으로 붙인
이름이다.

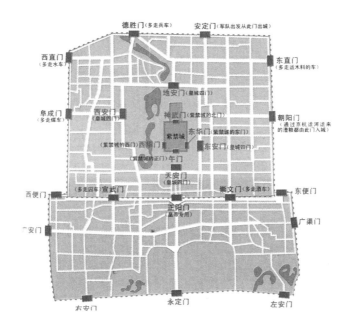

清城门内九、外七、皇城四格局图

그림 34) 북경성 구조도(출처: 『자금성 풍수』)

---

2) 명나라의 율령제도를 완성하여 성조(成祖)의 칭호를 받은 제3대 황제 영락제 주체는 자신의
   조카인 2대 황제인 건문제를 제거하고 황위에 오른 인물이다. 이 때문에 조선의 세조도 단종
   을 제거하고 왕위를 찬탈하는 명분이 있었던 것이다. 주체는 중국 역사상 아마도 정적을
   가장 많이 죽인 인물일 것이다. 건문제의 시체를 찾지 못하고, 그가 바다로 도주했다는 정보
   도 정화의 대함대를 원정시킨 하나의 원인이 되기도 했다. 정화는 내관으로 영락제의 측근
   중의 측근이어서 밀명을 수행하였기에 그보다 품계가 높은 무관 위에 군림하는 원정대장을
   맡았다. 또한 방효유를 회유하려다가 끝내 그가 자신의 즉위조서에 '연적찬위(燕賊簒位)'
   즉 '연왕 주체가 황위를 찬탈했다'고 쓰자 분을 못 참아 그의 십족을 멸하였다. 그 당시에
   처형된 사람만 거의 십만 명에 달한다고 하니 그의 잔혹함을 알 수 있다. 중국의 역대 권력자
   들 중에는 이와 유사한 경우가 많다.

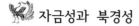 자금성과 북경성

북경성은 원나라 때의 유병충이 풍수설에 의거하여 설계한 것으로 되어 있다. 그의 이 원칙은 대체로 당나라 양균송의 풍수이론에 근거한 것으로 보인다. 그의 용맥설을 바탕으로 송나라 때에 다시 성리학의 발달에 따른 기 음양 오행 팔괘 등의 개념이 풍수이론의 발전을 주도하였고, 이를 유병충이 종합적으로 받아들인 위에 다시 명나라 때의 대대적인 북경성 조성사업에 반영된 것이라고 볼 수 있다. 그러나 자금성의 조성은 오로지 풍수사상만으로 이루어진 것은 아니다. 오히려 풍수사상은 그 배경이 되거나 일부분으로 반영되었고 핵심적인 조성원리는 『주례周禮』였다. 『주례』는 주공 희단姬旦이 완성한 주나라의 정부조직법이라고 할 수 있다. 그밖에 『주역』의 사상이 일정하게 반영되어 있다.

『주례』가 자금성의 설계에 반영된 내용은 바로 앞쪽에 조정을 두고 뒤에 황제의 거처를 두는 전조후정前朝後廷, 왼쪽에 종묘를 두고 오른쪽에 사직단을 두는 좌조우사左祖右社, 중축을 따라서 다섯 문과 세 조정을 둔다는 오문삼조五門三朝, 그리고 침실로 사용하는 건물의 배치를 육침육궁六寢六宮으로 한 것 등이다. 『주역』의 사상을 반영한 것으로는 음양과 팔괘인데, 중축을 중심으로 동쪽은 양으로 하여 문루文樓를 설치하고 서쪽은 음으로 하여 무루武樓를 설치하여 문관과 무관의 위치를 구별한 것과 후정後廷에 배치한 육궁의 설계를 「곤괘」의 형상에 따라 건축한 것이 그것이다. 이 두 가지는 유가사상의 핵심이라고 할 수 있다.

그 배경에 깔린 풍수사상은 곤륜산으로부터 흘러온 용맥이 연산(연년산)에 이르고, 여기서 기맥이 동남쪽으로 흘러 자금성 서북쪽에 있는 두 개의 호수 사이를 관통하면서 강하게 응축되어, 천수산天壽山에서 흘러나와 만세산萬歲山 즉 경산景山에 모여서 정남쪽을 향하여 자금성 중축을 따라 흘러내리다가 건청궁과 곤녕궁 사이에서 혈을 형성한다는 것이다. 건과 곤은 각각 하늘과 땅을 상징한다. 그 이름만으로 하늘과 땅을 모두 포섭한 것이다. 그 앞으로 서북쪽의 물 한 줄기를 인공적으로 끌어들여 흐르게 했으니 바로 금수하金水河이다. 이 물로 인하여 기가 결집하게 된 다는 것이다. 그러면서 자금성을 두르고 있는 물줄기 중에서 자금성 뒤 편을 흐르는 줄기는 천수산으로부터 중축을 따라 흐르는 기의 흐름을 막으면 안 되므로 해자 사이의 중축에 물이 흐를 수 있도록 구멍을 뚫어 두기도 하였고, 금수하도 마찬가지로 초승달 모양으로 물길을 특수하게 만들었다.

이렇게 축조된 자금성을 포함하고 있는 북경성도 정비하여 그 풍수지형은 크게 보아 갈석산을 좌청룡으로, 태행산맥을 우백호로, 연산을 조산으로 천수산을 주산으로, 황하를 금수襟水로, 저 멀리 태산을 안산으로 하는 격국을 형성하였다.

자금성의 전체적인 구도는 다음과 같다. 자금성은 궁성 황성과 외성 등 3대 성지가 함께 건축되고 온갖 건축이 있게 되었으니, 구좌성문으로는 정양문 숭문문 선무문 조양문 부성문 동직문 서직문 안정문 그리고 덕승문이고, 중축 상의 아홉 문으로는 대명문 승천문 단문 오문 봉천문 건청문 곤녕문 현무문 북안문이고, 자금성 외조의 삼대전각은 봉천전 화개전 그리고 근신전이며, 내정의 이궁은 건청궁과 곤녕궁이며, 서쪽에는 일정문과 월화문, 전조와 내정의 중간에는 경운문과 륭종문이 있고, 자금의 왼편에는 종묘 오른편에는 사직단이 있고, 내정의 인수전 봉선전 태선전 등의 궁전과 3대 전각 좌우의 문루 무루 두 문이 좌우에 나란하고, 동쪽 진방의 문화전, 서쪽 태방의 재궁인 무영전, 현무문 안에 진무신을 제사지내는 흠안전, 양측의 동서에 칠소가 있고, 건청 곤녕 두 궁궐 양 옆으로 후궁이 거주하는 육궁이 있으며, 외조에서 내정으로 통하는 보선문이 있고, 서편에 위치한 사선문과 동남쪽에 위치한 문연각 등이 있다. 또 "천남지북天南地北" 제도의 관점에서 남쪽 교외에 하늘에 제사지내는 원구단과 산천단을 건립하였다. 대명문의 동서 양쪽 곁에 문관과 무관의 관청과 아문들이 줄지어 있어서 오군도위의 부서와 백관들의 자리가 있었다. 궁성 북쪽에 복산을 쌓았으니 곧 만세산이고, 성의 북쪽에 고루와 종루를 세웠다.

이와 같은 자금성 건축의 격국을 몇 구절로 표현하면 다음과 같다.

침산금수(枕山襟水), 부양포음(負陽抱陰) 즉 산을 베고 물을 두르며, 양을 등에 지고 음을 안는다.

오문삼조(五門三朝), 좌문우무(左文右武) 즉 다섯 문과 세 조정3), 왼쪽은 문 오른쪽은 무를 둔다.

건남곤북(乾南坤北), 동서육궁(東西六宮) 즉 건청궁은 남쪽 곤녕궁은 북쪽, 그 좌우에 후궁의 육궁을 둔다.

남북중축(南北中軸), 좌양우음(左陽右陰) 즉 남북의 중앙축, 왼쪽은 양 오른쪽은 음이다.

오행팔괘(五行八卦), 사유사정(四正四維) 즉 오행과 팔괘, 동서남북의 사정과 네 간방의 사유를 정한다.4)

---

3) 삼조란 외조(外朝) 치조(治朝) 연조(燕朝)를 말하는 것으로 외조는 황제와 백관이 의례를 행하는 대전, 치조는 황제의 집무실로서 신하들과 국정을 논하는 전각, 연조란 황제와 황후 등의 침전을 지칭한다.
4) 이상 자금성 풍수에 대한 내용은 대체로 왕자림, 앞의 책에서 간추려서 정리한 것임을 밝힌다.

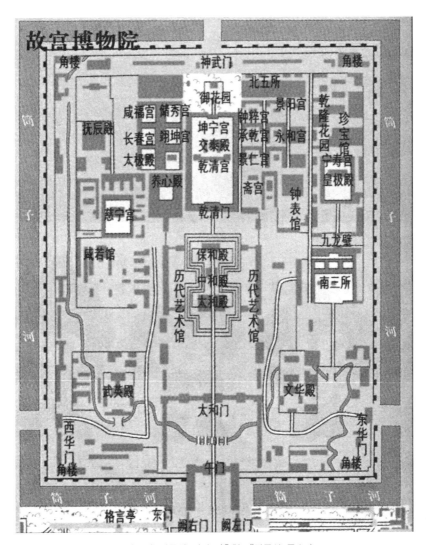

그림 35) 자금성 평면도(출처: 『자금성 풍수』)

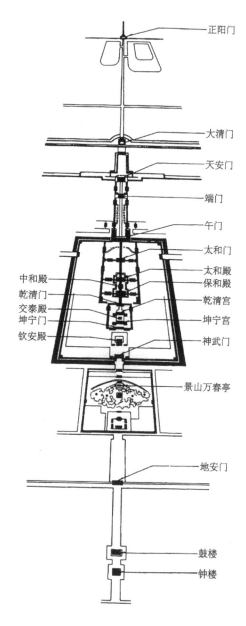

정阳门

大清门

天安门

端门

午门

太和门

中和殿

太和殿

保和殿

乾清门

乾清宫

交泰殿

坤宁门

坤宁宫

钦安殿

神武门

景山万春亭

地安门

鼓楼

钟楼

그림 36) 자금성 중축도(출처: 『자금성 풍수』)

9. 경복궁

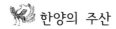 한양의 주산

조선의 태조 이성계는 개국 직후부터 도읍을 옮기는 일에 적극적이었다. 고려의 도읍지인 개성의 지기地氣 즉 땅의 기운이 쇠약해졌다는 것이 가장 큰 이유였다. 그러나 사실은 수많은 사람들의 피를 흘리고 집권한 그곳에서, 그리고 아직 왕 씨들의 잔여세력과 그들을 따르는 무리들이 많은 실정에서 더 이상 개경을 도읍으로 삼고 있기가 불편했던 것이 속셈이었다고 보아야 한다. 그리하여 처음의 후보 도읍지가 계룡산의 신도안新都安으로 거론되었다가 다시 한양 근처의 무악毋岳이 후보지로 떠올랐다가 최종적으로 한양으로 결정되었다. 둘 다 지세가 도읍으로는 좁다는 것이 가장 큰 이유였다.[1]

그러나 어쩌면 이런 과정은 결국 한양을 도읍으로 하기 위한 준비에 불과했는지도 모른다. 왜냐하면, 한양은 일찍이 우리나라 풍수의 비조로 불리는 도선道詵이 이 씨가 도읍할 곳으로 예언한 곳이었으며, 예로부터 전해오던 『신지비결神誌秘訣』에서 '건목득자建木得子' 즉 '나무를 세워 아들을 얻는다'라고 한 구절이 있어 이李 씨가 왕이 될 것을 암시하고 있는 것과도 연결 짓고 있기 때문이다. 또한 한양이 도읍지가 될 만한 땅이라

---

[1] 경복궁에 관한 내용들은 많은 부분을 안국준, 『한양 풍수와 경복궁의 모든 것』(태웅출판사, 2012)에서 참고했음을 밝힌다.

는 것은 이미 고려 때에 평양과 더불어 삼경三京의 하나로 경영되었던 점에서도 확인할 수 있다. 도참圖讖 즉 신비한 부적이나 예언에 의해 이미 한양은 이 씨가 도읍할 땅이라는 설이 예전부터 있었으므로, 고려 때에는 한양에 일부러 이 씨를 뜻하는 오얏 즉 자두나무를 심어서 적당한 크기로 자라면 그 나무들을 베어버리곤 했다. 이 씨의 싹을 자른다는 의미였다. 어쩌면 이성계의 마음속에는 처음부터 한양을 도읍지로 정하고 있었는지 모를 일이다.

그림 37) 한양지도

중국의 자금성이 황제의 궁궐인데 비해서 조선은 경복궁이 임금의 궁궐이다. 그것은 예로부터 건물의 크기에 따라 이름을 달리하는 법도에 따른 것으로 궁宮-전殿-합閤-각閣-재齋의 순서에 맞춘 것이다.2) 따라서

2) 이에 따라 그곳에 거처하는 인물들에 대한 존칭도 자연스럽게 정해졌다. 황제에게는 온갖 사람들이 그가 거처하는 곳의 섬돌 아래에서 뵈어야 한다는 의미로 폐하(陛下)를 사용하였고, 임금부터는 거처하는 집 아래서 뵈어야 한다는 의미로 전하(殿下)와 합하(閤下) 각하(閣

황제가 거처하는 곳을 궁이라 하여 자금성에는 건청궁과 황후의 거처인 곤녕궁이 있고 황궁 전체는 성城으로 부른 것이다. 이에 비해 조선은 스스로 제후국을 자처하였으므로 임금의 거처를 강녕전康寧殿이라 하고 왕후의 거처를 교태전交泰殿이라 하였으며 왕궁 전체를 경복궁이라 하였던 것이다. 건과 곤은 『주역』에서 따온 것이고, 강녕이나 교태는 『서경』의 「홍범」과 『주역』의 「태괘」에서 따온 말이다.

조선시대에 한양은 흔히 낙양에 비유되었다. 한강을 '낙수洛水'라고 불렀으며, 한양을 '낙도洛都'라고 부르기도 했다. 조선 중기 이후 성리학의 쟁점이었던 '호락논쟁湖洛論爭'이라는 말도 호서湖西지방 즉 제천에 있는 의림지를 기준으로 서쪽에 위치한 충청도 일대를 지칭하는 '호'와 '낙수' 이북의 한양을 뜻하는 '낙'을 가져다가 쓴 말이다. 오늘날 사용하는 서울이라는 말은 원래 도읍을 뜻하는 순수 우리말인 '서라벌'이 줄여지면서 생긴 말이다. 어쨌든 우리나라에는 수많은 지명이 중국의 지명을 따르고 있다. 약소국으로서 부득이 '사대주의'가 될 수밖에 없는 슬픈 운명이기도 했지만, 더러는 맹목적인 '중화주의中華主義' 내지는 '모화慕華주의'의 결과로 만든 것도 많아 부끄러움을 느끼게 만든다.

아무튼 경복궁은 우여곡절 끝에 한양에 들어서게 되었는데, 이후로 또 하나의 문제가 오랫동안 제기되었다. 바로 한양에 궁궐을 지을 때 주산을 어느 산으로 할 것인가의 문제였다. 이미 경복궁이 들어서기 전부터 궁궐의 풍수적 주산론은 여러 차례 제기되었다. 일찍이 무학대사는

下) 등을 차례로 사용하였다. 그런데 우리나라에서는 역대로 대통령에게 각하(閣下)라는 칭호를 사용했으니 이는 왕조시대의 예법으로 본다면 맞지 않는 표현이다. 정승의 경우에는 '합하'를, 판서의 경우에는 '각하'를 쓰는 것이었다고 할 수 있다. 그나마 다행히도 오늘날은 '손님'과 같은 급이라고 할 수 있는 '대통령님'으로 격하되었지만! 한 가지 더 말하자면, 천자는 자신을 지칭할 때 '짐(朕)'이라고 하였고, 왕은 '과인(寡人)'이라고 하였다. '짐'은 한자의 뜻이 '나'라는 말이지만, 사실은 천자는 하늘을 대신하여 정치를 행하는 인물이므로 하늘이 자신을 나타내 보이는 바와 같이 '조짐' 내지는 '징조'의 뜻을 담은 것이다. 황제는 무슨 일에 대해서도 직접적인 표현을 사용하지 않는다는 의미도 있다. 반면에 '과인'은 '과덕지인(寡德之人)' 즉 '덕이 부족한 사람'이라는 의미로 왕이 스스로를 겸양하여 부르는 칭호이다.

인왕산을 주산으로 해야 한다고 주장하였다가 정도전이 '자고로 임금은 남면南面하는 것'이라는 의견에 의해 배척되었다. 인왕산을 주산으로 한다는 말은, 오늘날 경복궁의 오른쪽 즉 백호에 해당하는 인왕산을 뒤에 두고 궁궐을 지어야 한다는 것으로 궁궐이 동쪽을 향하게 됨을 의미한다. '임금은 남쪽을 향하여 앉는다南面'는 것은 『주례』의 법이다. 무학은 자신의 설이 받아들여지지 않자 '200년이 지나면 내 말을 생각하게 될 것'이라고 했다는데, 이는 곧 임진왜란을 의미하는 말이었다고 전한다. 무악주산론은 하륜이 줄기차게 주장한 설이다. 무악은 인왕산보다 서쪽에 있는 산으로 지리적으로는 천험의 요새로 꼽힌다고 한다. 그렇지만 결국은 북악산 즉 백악산이 주산이 되고, 인왕산 자락에는 경덕궁 자경궁 인경궁 등이 들어서고, 무악에는 연희궁 이궁 등이 들어서는 것으로 마무리 되었다.

🐦 동전 던지기

오늘날의 관점에서 본다면 코미디 같은 이야기이지만, 태종 때에 다시 불거진 도읍문제와 궁궐의 주산론을 매듭지은 방법은 동전던지기였다. 왕자의 난을 통하여 왕위에 오른 태종은 한때 개경으로 옮겨가 정무를 보기도 하였다. 그리고 다시 도읍을 옮기는 문제가 제기되어 개경을 그대로 도읍으로 할 것인지, 이미 지어진 경복궁으로 옮길 것인지, 아니면 하륜의 주장대로 무악으로 도읍을 옮길 것인지를 결정해야만 했다. 이에 태종 4년에 종묘宗廟에 나아가 예배하고서 자신의 4촌인 이천우에게 명하여 동전던지기를 하도록 하였다. 그 결과 각각 세 번 던져서 북악은 2길1흉, 무악과 개경은 1길2흉이 나왔다. 이로써 태종 때의 도읍에 관한 논란은 종지부를 찍었으니 재미있는 일이라고 하겠다.

경복궁의 자리는 고려의 이궁이 있던 자리에서 다소 남쪽으로 옮겨 자리 잡았는데, 북악산을 주산인 현무, 낙산이 청룡, 인왕산이 백호, 남산 즉 목멱산木覓山이 주작의 안산이 된다. 더 크게는 북한산이 진산鎭山, 아차산이 청룡, 덕양산이 백호, 관악산이 조산朝山이 된다. 그리고 청계천이 백악산과 인왕산 사이에서 나와서 도성의 중앙을 서북에서 동남으로 가로질러 중랑천과 합하여 결국 한강으로 들어가게 되니, 이른바 '서출동류' 즉 서쪽에서 발원하여 동쪽으로 흘러가는 명당수가 된다. 그런데 풍수상의 문제는 백호인 인왕산보다 청룡인 낙산이 낮으며, 안쪽 명당수인 청계천은 서출동류이지만 바깥 명당수인 한강은 동출서류한다는 점이다. 이런 격국이므로 조선시대에 동쪽나라인 일본 즉 왜국의 침입을 받을 수밖에 없었다는 논리가 풍수가들에게서 끊임없이 제기되었던 것이다. 동쪽 왜국의 침입을 서북쪽 중국의 도움으로 해결한 것이라고 전쟁을 자초한 선조와 그의 간신들은 주장하였지만, 이 땅의 수많은 백성들이 도륙을 당하면서 그리고 의병으로 궐기하여 흘린 피는 누가 책임졌는가!

그림 38) 한성도성도

경복궁의 조성은 크게 보아 자금성의 축소판이라고 볼 수 있다. 종묘와 경복궁은 심덕부의 총지휘하에 불과 10개월 만에 완공되었다. 그리고 경복궁의 모든 건물 이름은 정도전이 지었다. 임진왜란 당시 경복궁을 침략한 일본군의 기록에 의하면 그 아름다음을 보고서 신선세계인지 인간세계인지 모르겠다고 했다는데 전쟁으로 소실되었다. 그 후 약 273년이 지나서야 대원군에 이해 복원되었는데, 대원군은 그 규모를 처음보다 크게 지은듯하다. 근정전에 칠조룡을 그린 것이나, 침전을 제후의 3침보다 많은 5침으로 한 것 등이 이를 말하고 있다. 이렇게 복원된 경복궁은 일제에 의해 철저하게 파괴된다. 경복궁에 대한 역사와 현대와 다시 옛날의 모습으로 복원하려는 계획에 대해서는 꼭 한 번 경복궁을 직접 방문하여 보고 듣고 마음으로 느껴보기 바란다.

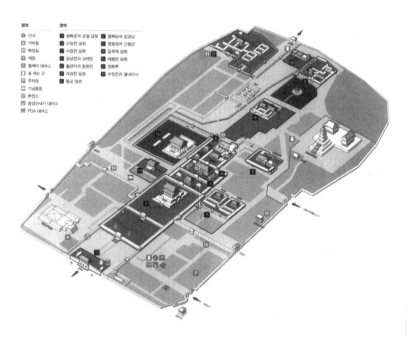

그림 39) 경복궁 배치도(출처: 『한양 풍수와 경복궁의 모든 것』)

제2부
이 땅의 봉 도시 이야기

1. 이 땅의 봉과 도시

 천지인(天地人) 삼재(三才)

세상의 모든 것은 살아있다. 그것이 생물학적 생물이건 아니건 간에! 모든 것은 변해가기 때문이다. 이를테면 생로병사의 과정 속에 있다는 말이다. 바위나 무쇠까지도 결국은 무無에서 와서 다시 무로 돌아가는 것 아닌가! 그리고 그것은 단일한 사물에만 적용되는 것이 아니라 복합적 사물에게도 적용된다고 할 수 있다. 크게는 이 우주전체로부터 그리고 지구도 그 자체가 하나의 생명체이며 나아가 각각의 촌락과 도시들이 또한 그러하다. 그것들은 그것들 자체로서 하나의 생명력을 가지고 있는 것이다. 그래서 세계의 어느 촌락이나 도시도 똑같은 곳은 하나도 없다. 모두가 자기만의 정체성(Identity)을 가지고 있으므로!

그 각각의 정체성은 이른바 다양성이다. 세상은 다양성으로 이루어져 있다. 그러면서도 또한 그 속에는 공통성도 지니고 있다. 그곳에는 사람이 살고 있기 때문이다. 인간이 만든 촌락이나 도시에는 인간의 이야기가 숨 쉬고 있다. 오랜 세월 한 곳에서 살아온 인간은 비록 세대를 달리하여도 그곳에 사는 사람으로서의 특징을 나타낸다. 그것이 바로 문화이다. 바로 인간이 드러내는 삶의 양식이라는 말이다. 인간이 만드는 삶의 양식으로서의 문화는 기후라는 계절의 특성과 생물적 환경이라는 지리적 특성 그리고 그 둘을 조화롭게 응용하고 순응하며 살아가는 인간의 지혜가 함께 어우러져 만들어 내는 것이다. 계절의 변화와 기후는 하늘이 주관하고, 그에 맞는 환경의 생태에 맞는 생물을 기르고 갈무리하는 것은 땅이 주관하며, 하늘과 땅이 만들어내는 조건에 맞추어 생로병사를 영위하는 것은 인간의 일이다. 하늘과 땅 그리고 인간은 그래서 오래 전부터 천지인天地人이라고 병칭되어 세상에서 가장 중요한 세 가지라는 의미의 삼재三才로 일컬었다.

세상의 다양성과 동일성은 물리적으로도 설명이 가능하다. 오늘날 물리학자들은 태초에 세상은 무로부터 창조되었다고 한다. 허기야 이런 이야기들은 일찍이 노자나 석가와 같은 동양의 철인들이 벌써 간파한 사실이지만, 서양의 철학자들은 최근에 이르러 이를 증명하고 있다.[1] 그러나 현재까지도 동양의 철학자들은 노자가 말한 무無나 석가가 말한 공空이 구체적으로 무엇인지 제대로 설명하는 것을 보지 못했다. 그것을 아는 것을 '깨달음'이라고 말하면서 특정한 인간들의 신성한 능력으로 간주하고, 자칭 그것을 깨달았다고 하는 사람들은 스스로 도사인 것처럼 하면서 세상 사람들을 눈 아래로 보는 듯하다.

그런데 서양의 물리철학자들은 바로 그 무 또는 공에 대한 엄밀한 정의를 내리고 있다. "무란 중력에너지의 합이 제로인 점의 공간"이라고! 영어에서는 태초의 그 한 점을 Singular point 또는 Singularity라고 하는데, 우리는 그것을 '특이점特異點'이라고 번역하여 사용한다. 영어로는 그나마 의미가 통하는 말인데, 번역어로는 도무지 이해가 안 되는 말

---

1) 노벨물리학상을 받은 학자들 중에는 일본계 학자들이 더러 있다. 이론물리학자인 그들의 공통점은 시간이 날 때마다 『노자』를 즐겨 읽는다는 이야기를 들었다. 노자의 이야기로부터 첨단물리학적 이론의 근거를 발상하였던 것이다. 우리는 그들을 물리학자라고 보통 지칭하지만, 사실 그들은 철학자들이다. 원래 철학의 핵심 문제는 형이상학 즉 존재론이었다. 궁극적으로 존재하는 것이 무엇인가를 탐구하는 것이었다는 말이다. 그러던 것이 하이젠베르그나 아인슈타인의 등장 이후 철학자들로부터 물리학자에게로 문제가 넘어갔다. 그러나 그들은 원래 물리학자가 아니라 철학자이다. 그들은 실험을 통하여 결과를 보여주는 과학이 아니라 이론적으로 가설을 만들고 그 가설이 얼마나 타당성을 가지는지를 논증하기 때문이다. 그들은 물리학적 관점으로 존재의 문제를 해명하려는 물리철학자 내지는 과학철학자라고 말하는 것이 보다 타당할 것이다.

이다. 아마도 처음 번역한 사람이 그것이 함축하는 뜻을 정확히 알지 못했기 때문이 아닐까! 특이점이란 이해할 수 없는 점이란 말이 아닌가! 아무튼 그 Singular point는 중력과 에너지를 자기고 있는 점이지만 언제나 그들의 합이 제로상태로 있는데, 어느 순간 그 속에서 양자요동 현상이 자연스럽게 일어나면서 순간적으로 그 제로상태의 균형이 깨어질 수가 있다는 것이다. 그 순간에 바로 'Big Bang'이 일어났다고 한다.

그림 1) 빅뱅 상상도(출처: 『뉴우턴 하이라이트』)

그렇게 시작된 우주는 말 그대로 Singular point로부터 오늘날과 같은 오만 가지의 다양한 모습으로 나타났다. 그래서 세상은 단일성 즉 동일성으로부터 시작하였지만 현재의 현상은 다양성으로 나타내고 있는 것이다. 거꾸로 말한다면, 언젠가는 다시 다양성이 동일싱으로 회귀할 시점도 있을 것이라는 말이 되기도 한다. 다양성이 곧 동일성이고 동일성이 곧 다양성인 것이다. 모든 것은 변화의 과정 중에 있을 뿐이다. 그 변화는 또한 순환의 과정 속에 있을 뿐이고!

🦃 봉의 도시들

인간은 자신이 살고 있는 고장의 하늘을 숨 쉬고 땅을 자양분으로 섭취하며 꿈을 키우고 이야기를 만든다. 그래서 도시의 역사적 환경은 그곳에 사는 인간들의 오랜 이야기를 축적하고 있다. 그렇게 배양되어온 역사적 연속성을 가진 도시공간이나 전통문화는 시민고유의 귀중한 자산이다. 또한 도시의 역사적 환경은 도시 경관을 구성함에 있어 그 도시 시민의 정체성(Identity)을 보존하고 육성시키는 것으로 계승해 가는 것이 소중하다. 이러한 관점에서 본다면, 우리나라 지방의 소도읍은 대부분 유구한 역사를 가지고 있음에도 불구하고 각각의 지역에 산재하는 역사적 환경들은 충분히 보전 계승되고 있다고 보기 어려운 실정이다. 대표적으로 조선시대 지방행정의 중심지로서 관아가 소재했던 읍치邑治의 경관을 특징지었던 읍성邑城은 대부분 훼손되거나 성벽의 일부만이 잔존하고 있다. 옛 정취를 살필 수 있는 역사적 환경들은 점차 지역민의 인식 속에서 사라져 가고 있다.

그러나 최근 도시환경의 질에 대한 관심이 높아지면서 각 도시의 역사와 문화 등을 발굴하여 도시고유의 정체성을 회복하기 위한 노력들이 시도되고 있다. 이러한 시도의 일환으로 도시의 역사적 환경을 재생하기 위한 방안들이 활발하게 논의되고 있기도 하다. 도시를 구성하는 많은 환경요소들 중에서 역사적 환경을 보존 재생하여 도시환경에 다양성을 부여하고, 도시경관의 정체성을 형성하는 작업은 도시를 보다 의미 있는 공간으로 만들기 위한 노력의 일환이라고 할 수 있다. 다행히 최근에는 많은 지자체나 민간단체들이 종래 획일적인 도시 형태에 대한 반성으로 문화재 내지는 역사성을 보유하고 있는 도시 공간을 찾아내어 보존, 활용함으로서 도시의 다양성과 아이덴티티를 모색하고자 하는 의식이 고양되어 가고 있다.

따라서 여기에서는 기존의 도시개발과정에서 충분히 고려되었다고 보기 어려운 또 하나의 역사적 경관이라 할 수 있는 산과 강 같은 자연환경을 풍수적 관점에서 접근하고자 한다. 그리하여 그 속에 녹아있는 지형 해석의 관점을 봉황鳳凰이라는 관념으로 재구축되는 풍수적 도시 경관을 구명하고자 한다. 필자가 다루고자 하는 주제의 키워드가 되는 봉황鳳凰은 신화 및 전설에 나오는 상상의 동물이다. 보통 봉은 수컷을 황은 암컷을 지칭하는데, 이러한 구분은 후대에 생겨난 것이다. 원래 그 이름은 바람을 뜻하는 봉鳳이라는 글자에서 왔으나, 그것이 상상화 되면서 많은 이름들이 생겨났다. 그러나 여기서는 단순히 봉 또는 봉황으로 통일하여 사용한다. 후한 때의 허신許愼이 편찬한 가장 오래된 자전字典인 『설문해자說文解字』에는 '봉황이 세상에 나타나면 천하가 크게 편안해진다見則天下大安寧'고 기록되어 있다. 이와 같이 봉황은 일반적으로 성군聖君이 출현하거나 태평성대일 때 나타난다고 알려져 있으나, 실제로 봉황 개념은 힘들고 어려운 시대에 그 상황이 극복되어 평안한 세상이 오기를 바라는 염원을 담고 건축이나 도시공간에 형상화 되었던 것으로 보는 것이 보다 정확하다고 하겠다.

그리고 이러한 봉황사상과 관계있는 공간에서는 대숲, 오동나무와 같은 공통적 경관요소와 함께 봉서루鳳棲樓, 봉란鳳卵 등의 공간들이 각각의 위치에 맞게 나타난다. 도시에 따라 약간의 차이를 보이면서 구비되는 이것들의 공간적 특성을 발견할 수 있어 이를 살펴보는 것은 우리나라 전통도시 및 건축경관의 특성을 논함에 있어 의미 있고 흥미로운 작업이라 할 수 있다.

우리나라에는 곳곳에 봉과 관련된 전설을 담고 있거나 봉의 형상과 닮은 지형이 무수히 많다. 봉의 지형을 가장 닮은 곳으로는 의령의 망우당 곽재우 고가를 들 수 있는데, 그 고가 앞에서 바라보는 건너편 산의 모습은 한 마리의 거대한 봉(또는 학이라고도 함)이 큰 날개를 펼치고 마을을 향해 날아오는 생생한 모습을 볼 수 있다.[2]

이 책에서는 그 많은 봉과 관련된 지방들을 다 다룰 수는 없으므로

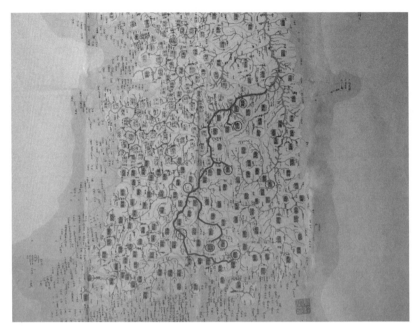

그림 2) 책에서 다루는 연구대상 지역

우선 몇몇 도시들을 대상으로 하였다. 그 기본 골격은 백두대간의 용맥에 자리한 봉의 도시들을 대상으로 하면서, 주제의 통일성을 위하여 영남지방의 도시들에 초점을 맞추었다. 그리하여 다루는 도시들을 춘천 순흥 예천 선산 영천 의령 함안 진주로 한정하였다. 여기서 춘천은 영남지방이 아니지만 봉 풍수와 관련된 지방으로서 필자가 일찍이 연구한 바 있는 도시여서 포함시켰으며, 진주를 마지막에 배치한 것은 필자가 보기에 봉 풍수의 도시 중에서 가장 전형적인 도시이기에 상대적으로 심도 있게 다루었기 때문이다. 물론, 필자들이 현재 거주하고 있는 도시라는 사실도 진주를 보다 상세히 다룬 이유가 된다. 그리고 도시가 아니

---

2) 이러한 풍수적 특징으로 인하여 이 마을에서는 임진왜란 때의 의병장 홍의장군 곽재우를
비롯하여, 일제 때의 대표적인 독립운동가 백산 안희제, 그리고 광복 후 초대 문교부장관을
지낸 안호상 등 인물들이 많이 배출되었다고 한다.

고 하나의 단일 건축물인 담양의 소쇄원과 팔공산의 동화사를 연구의 앞부분에 배치하였다. 그것들은 하나는 정원이고 다른 하나는 사찰이지만 봉 풍수를 적용한 대표적인 단일 건축물로서, 이 주제를 이해하는데 매우 도움이 되는 특징을 잘 지니고 있기 때문이다.

2. 소쇄원(瀟灑園)과 동화사(桐華寺)

2.1. 소쇄원

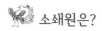 소쇄원은?

소쇄원은 소쇄옹瀟灑翁 양산보梁山甫(자는 언진彦鎭, 1503-1557)에 의해 조영된 정원으로, 소쇄원의 조영 속에 봉황사상을 담고 있다. 즉 소쇄원은 그의 스승 조광조가 만들고자 했던 지치주의 즉 가장 완전한 정치체제로 경영되는 이상세계가 기묘사화로 인해 좌절되고 난 직후의 어려운 시대상황 속에서 만들어진다. 기묘사화로 인해 조광조와 양산보가 추구했던 이상세계의 실현은 비록 실패했지만 대봉대待鳳臺를 통해 다음을 기약하는 즉 그들의 염원을 실현해 줄 봉황이 나타나 희망의 시대를 만들어 주기를 바라는 경세의 염원을 담아 은유적으로 조영된 공간이 소쇄원이다.

현재 국가사적 제304호로 지정되어 있는 소쇄원은 기묘사화(1519)가 일어난 후 그가 낙향하여 1520년 후반부터 조영하기 시작하여 1530년대 중반까지 완성한 것으로 추정하고 있다. 그 공간은 1755년에 제작된 소쇄원도 판화에 잘 나타나 있고, 전체적인 모습은 1548년 하서河西 김인후金麟厚가 지은 소쇄원 48영詠에 잘 묘사되어 있다. 현재의 소쇄원은 1,400여 평의 담장 안 영역으로만 이해하고 있으나, 사실 그 범위를 넓

게 보면 담장을 경계로 내원內圓과 외원外苑으로 구별하여 보다 큰 규모로
이해해야 한다.

그림 3) 소쇄원 전경

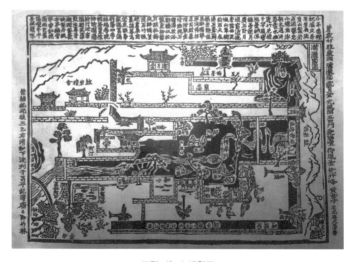

그림 4) 소쇄원도

소쇄원도瀟灑園圖를 보면, 그 속의 건축물로는 현존하는 대봉대待鳳臺 제월당霽月堂 광풍각光風閣 이외에도 고암정사鼓岩精舍와 부훤당이 있었으나 지금은 훼손되었으며, 외부 공간 요소로는 대숲 시냇물 오동나무 나무수로 연못 다리 담장 우물 매대 등 크게 4개 영역으로 구성되어 있다.

소쇄원에서의 봉황사상은 구체적으로 그림에서 보이는 진입부의 대숲과 봉황을 기다리는 장소를 상징하는 대봉대 그리고 대봉대 앞 오동나무와 청천(우물)을 통해 확인할 수 있다. 봉황은 예로부터 대나무열매와 맑은 샘물을 먹고 벽오동 나무에 머문다고 하는 전설이 있어, 봉황과 관련 있는 장소에는 당연히 대숲과 오동나무가 마련되어 있다. 소쇄원은 이처럼 봉황이 살 수 있는 공간을 마련하여 봉황이 찾아오기를 바라는 기다림의 염원을 담고 만들어진 정원이다. 소쇄원의 조영배경을 통해 메시아적 존재로서의 봉황을 바라는 배경을 살펴 볼 수 있다.

대숲과 진입로

소쇄원 입구에 들어서면 양옆의 대숲 사이로 진입로가 있다. 수직적인 대숲에 의해 만들어지는 어두운 S자 형의 진입로를 지나 약간의 경사지를 오르면 갑자기 밝아지면서 명암대비에 의해 그 다음 전개되는 공간은 시각적으로 보다 넓고 밝은 공간으로 느끼게끔 연출되어 있다.

그림 5) 진입로의 대숲

🐦 대봉대(待鳳臺)와 애양단(愛陽壇)

대숲의 진입공간을 지나면서 전개되는 다음 공간은 담장에 의해 소쇄원의 안과 밖이 강하게 구획되어진다. 담장 안쪽으로는 작은 정자인 대봉대가 아담하게 자리 잡고 있고 그 옆으로 오동나무가 자리하고 있다. 다시 언급하겠지만, 대봉대에 담긴 봉황 개념으로 인해 소쇄원은 기다림의 염원을 담고 있는 공간으로 불린다. 대봉대를 지나면 ㄱ자로 꺾인 담장이 있는데 애양단愛陽壇이라 한다. 햇살이 좋은 담장이라는 말 그대로 애양단은 겨울에도 볕이 따뜻하게 드는 곳으로 전이공간의 역할을 하고 있다.

대봉대

대봉대와 오동나무

그림 6) 대봉대와 오동나무

🐦 매대(梅臺)와 제월당(霽月堂)

애양단에서 이어지는 담장은 소쇄원의 안과 밖을 경계지우면서 시냇물을 지나 오곡문五曲門을 만들고 있다. 계류를 건너면 2단으로 조성된

그림 7) 제월당

매대梅臺가 있고, 매대를 지나면 주인이 기거하는 제월당霽月堂이 자리하고 있다. 제월당은 광풍각과 더불어 소쇄원의 중심 공간이다. 이른바 광풍제월光風霽月 즉 비가 갠 뒤의 맑은 바람과 달이라는 성어에서 따온 것으로, 이는 원래 중국의 시인 황정견黃庭堅이 태극도太極圖를 그려 성리학적 우주론의 기초를 세운 북송의 성리학자 주돈이周敦頤의 인품을 평한 말이다. 여기서 그는 그의 스승 조광조의 인품을 그리워하면서 이로써 건물의 이름으로 삼았다.

광풍각(光風閣)과 시냇물

제월당을 지나면 소쇄원의 중심공간인 광풍각과 시냇물 공간에 도달하게 된다. 이 광풍각을 중심으로 주인과 방문객들에 의한 풍류가 펼쳐지게 된다. 특히 광풍각에서 바라보는 나무수로와 연못, 그리고 폭포로 구성되는 은유적 구조물들은 소쇄원의 의미를 가장 극적으로 승화시키는 공간이라 할 수 있다.

그림 8) 광풍각과 그곳에서 본 풍경

봉황을 기다리는 소쇄원

이미 말한 바와 같이 소쇄원은 봉황을 기다리는 염원을 담고 있는 정원이다. 동양 문화권에서의 봉황은 성군이 나라를 통치하고 화평한 세월이 지속될 때 나타난다는 상서로운 새이다.

기묘사화 이후 정치를 버리고 떠나 귀향한 양산보는 당시 세상을 어떻게 보았을까를 상상하면서 소쇄원의 조영을 해석해 보자. 가장 먼저 떠오르는 생각은 대봉대待鳳臺의 조영에서 성군이 나타나기를 기다리는 양산보의 염원이 함축적으로 담겨 있음을 볼 수 있다는 것이다. 아울러 소쇄원 봉황의 의미는 성군의 의미 외에도 그의 염원을 알아주는 귀한 손님의 의미로도 해석된다.

한편, 소쇄원에는 봉황사상에 의해 구성되는 공통 공간들이 갖추어져 있다. 봉황은 아무 곳에나 내려앉지 않고 벽오동나무에만 내려앉는다고 한다. 그 때문에 대봉대 앞에는 오동나무가 심겨져 있다. 그리고 봉황은 맑은 샘물과 평생 단 한 번 꽃을 피우고 열매를 맺는다는 대나무열매만을 먹고 산다고 하지 않는가! 그래서 소쇄원의 입구와 그 주변으로 대숲을 심어 대나무열매를 마련하고 오곡문五曲門 너머에는 정천淨泉이란 샘물을 만들어 놓았다. 이처럼 봉황이 편하게 쉴 수 있도록 만들어 놓은 곳이 소쇄원인 것이다.

양산보의 가슴속에 품은 뜻 또한 제월광풍이니, 소쇄원은 그의 그러한 뜻을 알아주는 봉황처럼 귀한 손님을 맞기 위해 준비하고 기다리는 기다림의 공간이라 할 수 있다.

다른 한편으로 보면, 소쇄원에서의 봉황을 기다리는 기다림은 소극적 기다림만이 아니라 세상을 향해 다가가고자 했던 적극적 공간임도 알 수 있다. 소쇄원에는 자연적인 시냇물이 있음에도 불구하고 동적인 구조물로서의 나무로 만든 수로와 정적인 구조물로서 사각형의 연못 그리고 또 다른 동적인 구조물로서의 작은 폭포로 구성된 인위적 공간들이 연출되어 있다. 특히 사각형의 연못에는 수로에서 떨어지는 물을 대각선 모퉁이까지 가져간 후 떨어뜨려 연못에 물이 차면 폭포가 되어 흐르도록 연출하고 있다.

그림 9) 계류와 인공수로

그림 10) 인공수로와 연못

여기에서 다음과 같은 건축적 상상을 해볼 수 있다. 소쇄원의 인위적으로 만든 수로는 세파에서 벗어나 있는 현실을 나타내고, 정적인 사각형의 연못은 은둔생활을 은유적으로 표현하고 있는 것은 아닌지! 하지만 사각형의 연못에서 넘쳐나는 인공의 폭포를 통해 비록 은둔생활을 해야 하는 상황이지만 이러한 인위적인 공간들은 희망의 미래를 향해 수로를 흐르는 물처럼 끊임없이 준비하여 세상을 향해 다가가고자 했던 그의 꿈이 반영된 것은 아닐까! 그렇게 소쇄원은 단순히 봉황을 기다리는 소극적 공간만이 아닌, 세상을 향해 적극적으로 다가가고자 했던 공간임을 소쇄원의 조영을 통해 보여주고자 한 것은 아니었을까!

그림 11) 광풍각에서 보는 수로와 연못 그리고 폭포

2.2. 동화사

🐦 동화사는?

『동화사사적기』에 의하면, 동화사는 신라 소지왕 때 유가사로 창건된 이래 흥덕왕 7년(832) 심지대사에 의해 중건될 때 겨울에 오동나무가 상서롭게 피어 동화사로 개명하였다. 이후 동화사는 임진왜란 때 크게 훼손된 것으로 보인다. 대웅전이 1639년과 1728년에 중창되고, 심검당이 1605년 건립되어 1726년에 중창되며 갱생원이 1614년에 건립되어 1726년에 중창되는 등의 기록으로 보아 17-18세기에 다시 대대적으로 정비되었음을 알 수 있다. 그리고 봉서루에 관한 기록은 확인할 수 없지만, 봉서루의 편액과 일주문인 봉황문의 편액도 1744년에 쾌선선사가 쓴 것으로 확인되므로 18세기 초의 중창 때에는 봉황의 개념이 반영되었음을 명백하게 알 수 있다. 동화사는 봉황사상과 밀접한 관계를 가지고 있는 사찰로서, 현재 사찰 내에는 봉서루鳳棲樓 봉란鳳卵 봉황문대, 오동나무 등 봉황과 관련된 공간요소들이 있어 매우 주목되는 사찰이다.

🐦 동화사와 봉

동화사와 봉황사상과의 연결 시점은 불분명하지만 현존하는 건물의 편액과 건축공간들을 통해 그 일단을 살필 수가 있다. 동화사의 가람배치도를 살펴보

그림 12) 봉황문

면, 먼저 사찰의 첫 문이 되는 일주문에는 '숭정崇禎 27년(영조 20)'으로 확인되는 괘선快善 류기성柳箕城이 쓴 '팔공산동화사봉황문八公山桐樺寺鳳凰門'이라는 편액이 걸려 있어 동화사가 봉황의 터전임을 알게 한다.

계곡을 따라 오르다보면, 금당선원 입구에 봉황모양을 한 인악대사비를 확인할 수 있는데 대사는 달성군 출신으로 알려지고 있으며 생존 시기는 1693-1764년으로 나타난다. 이어 해탈교와 천황문을 지나면 대웅전으로 진입하기 전에 봉서루를 만나게 된다.

그림 13) 봉서루와 봉알

그리고 봉서루 앞의 커다란 바위에는 봉황의 알을 상징하는 둥근 돌이 3개 놓여 있다. 봉서루는 봉황이 깃드는 누각이란 뜻으로 봉황이 알을 품고 있는 동화사의 지리적 형국을 상징적으로 표현하고 있다. 뿐만 아니라, 동화사 봉황의 존재는 대웅전 내부 천정의 여섯 마리 봉황을 통해서도 확인할 수 있다. 이와 함께 동화사 주변으로는 대숲이 조성되어 있고 오동나무가 많이 심겨져 있으며, 특히 칠성각 뒤편에 심지대사 나무로 불리는 오동나무가 있어 동화사와 봉황사상과의 관계를 살필 수 있게 한다. 이처럼 동화사는 봉황사상과 밀접한 관련이 있는 것이 분명하며, 현존하는 봉서루鳳棲樓 봉황문鳳凰門 인악대사비 오동나무 등을 근거로 살펴보면 봉황사상이 최초로 접합된 시점은 명확하지는 않지만 임진왜란 이후인 17-18세기로 추정된다. 영조 때에는 전국의 사찰 중에서 왕실을 위한 기도를 담당하는 사찰을 여러 곳 지정했던 것으로 추정되는데1), 그 중에서 봉황의 풍수를 담고 있는 동화사를 왕실에서 관심 가졌을 것은 쉽게 추정할 수 있다. 영조는 정치적으로 매우 어려운 상황을 극복하면서, 출신 신분에 대한 핸디캡을 극복하고자 많은 노력을 한 왕이다.2) 그러한 노력의 일환으로 봉황사상이 녹아 있는 사찰을 중시하여 민심을 얻으려고 했을 가능성이 농후하다고 하겠다.

동화사의 사례에서도 봉황사상은 어려운 시대를 타계하고자 하는 의지의 구체적 표현 내지는 심리적 위안을 삼기 위한 방편으로 건축을 상징적으로 조성하였음을 알 수 있다. 그 구체적인 내용들은 봉황의 개념에 근거하여 대숲, 오동나무, 봉란, 샘물과 같은 경관형성 요소들로 구비하였음을 확인할 수 있다.

---

1) 이러한 사실은 경남 고성의 운흥사에서도 확인할 수 있다. 운흥사에는 원래 대웅전의 불상 앞에 왕과 왕비 및 세자의 위패를 모셔두고 기원을 한 것으로 전해진다. 현재도 왕비와 세자의 위패는 그곳에 있으며, 왕의 위패는 운흥사의 본사인 쌍계사로 옮겨서 보관하고 있다. 운흥사는 임진왜란 때 싸우다가 죽은 의승병과 일반 의병들의 혼을 위로하기 위해 매년 영산 제를 지내는 사찰로 유명하다. 이러한 사찰도 왕실의 안녕을 기원하는 의식을 행하는 곳으로 지정되었다면 동화사와 같은 봉황 격국의 사찰을 왕실에서 관심을 가졌을 것이라는 사실은 쉽게 유추할 수 있다.
2) 영조는 숙종의 아들로 무수리 최 씨가 낳아 연잉군으로 봉해졌다. 장희빈이 낳은 경종이 재위 4년에 독살되자 그가 서인노론의 지지를 받아 왕위를 이었다. 그는 어머니의 출신에 대해 평생 열등감을 가지고 살면서 검소한 음식을 주로 먹었고, 노론의 영향력을 최소화 하고자 탕평책을 써서 자신의 입지를 강화하고자 노력한 인물이다.

3. 춘천

🦃 역사와 경관

주지하는 바와 같이 춘천은 주변에 댐이 건설되면서 생겨난 의암호 춘천호 소양호 등 인공호수와 자연 그리고 도시가 잘 어우러지는 뛰어난 경관을 가지고 있어 일반적으로 호반도시로 알려져 있다. 현재 춘천시는 이와 같은 천연적 혹은 인공적으로 만들어진 자연 환경을 적극적으로 개발하여 관광자원화 하고자 하는 시책을 적극적으로 모색하고 있다. 한편, 춘천의 역사는 오래되어 통일신라 때에는 9주九州의 하나인 삭주朔州가 설치되었으며, 그 이전에는 맥국貊國의 도읍지로도 추정되고 있다. 이후 고려 때에는 춘주春州로 조선시대에는 춘천도호부春川都護府로 되었다. 그리고 지금까지 밝혀진 고고학적 발견에 따르면 기원 이전의 이른 시기부터 춘천 지역에 사람이 거주했던 것으로 추정된다.

이와 같이 춘천은 맥국의 도읍지로 형성된 이래 강원도 지역의 정치 경제 행정중심지로서의 역할을 수행하였다. 그 결과 춘천에는 시대를 중첩하여 구축된 많은 도시 유적 및 유구가 잔존하고 있다. 그럼에도 불구하고 춘천이 가진 유구한 역사 그리고 역사와 함께 구축되어온 많은 춘천의 역사적 환경들은 현재 충분한 연구와 검토가 이루어지지 않은 채 훼손되고 있다.

이와 같은 관점에서 춘천시를 보면, 상대적으로 역사적 환경으로서의 도시 공간이나 건조물들에 대한 관심과 연구가 충분히 구축되었다고 보기 어렵다. 특히 춘천에 관한 기존의 연구에서는 도시 구조를 종합적으로 검토한 바가 없고, 특히 현재의 도시 골격을 구축했던 조선시대의 도시 구조에 관한 연구도 전무한 실정이다. 여기서는 조선시대 도시 형성의 주된 이념으로 판단되는 풍수 사상에 의한 도시 해석과 유교적 이념에 의해 구축된 도시의 물리적 구조를 밝혀 보고자 한다.

풍수적 입지

근대 이전의 도시건설도 오늘날과 마찬가지로 정치 군사 경제와 밀접한 관계가 있었다. 고대로부터 도시는 『주례』와 같은 중국의 예전禮典에 입각한 계획이 이루어진 경우가 많고, 한편으로는 그 이론도 구체적 실천 단계에서는 필연적으로 군사지리나 인문지리와 연결되었다. 이 시점이 되면 풍수風水는 실천의 수단으로서 활용되었다고 판단되며, 실제로 『여지도서輿地圖書』 등 관찬官撰 지리지나 읍지邑誌에서 확인할 수 있는 바와 같이 대부분의 도시는 풍수의 용맥龍脈사상에 근거하여 묘사되거나, 도시의 입지가 해석되고 혹은 인위적인 보완 조치가 시도되고 있음도 주목할 필요가 있다.[1]

대부분의 도시 입지는 풍수에서 말하는 용맥사상에 의해 설명되고 있음을 확인할 수 있다. 용맥사상의 성립 시기는 당나라 대의 양균송에 의해서 비롯되었는데 가상의 곤륜산崑崙山을 천하의 근원이 되는 조종산祖宗山으로 삼는다. 그리고 여기에서 비롯되는 대표적인 산줄기를 3대 간룡幹龍으로 간주하는 지형 해석이 용맥의 개념이다. 우리나라의 경우에도 용맥사상에 의거한 지형 인식을 확인할 수 있다. 바로 이수광이 『지봉유설芝峰類說』에서 우리나라의 모든 산들은 백두산을 근간으로 금강산 오

---

1) 인위적으로 만들어진 산이나 숲 등이 대표적이다.

대산 태백산 지리산으로 이어진다고 하였으며2), 이중환은 『택리지擇里志』
에서 백두산은 곤륜산에서부터 비롯되었다고 하는3) 『지리인자수지地理人
子須知』에서 보이는 지형관을 기술하고 있다. 아울러 이와 같은 지형 인
식관은 보다 구체적으로 『대동여지도』에서도 확인 가능하다.4)

춘천은 맥국의 도읍지로서 춘천 중심지의 북쪽 2리 발산리鉢山里 일대
가 왕성지로 추정되고 있다. 이후 신라 선덕왕 6년(637)에는 우두리에
우수주牛首州를 설치하고, 문무왕 때에는 수약주首若州로, 경덕왕 때에는
삭주朔州로 개명하였으며, 고려 태조 23년에 춘주春州로 하였다. 특히 조
선시대 태종 13년에 지금의 이름으로 고쳐 군으로 하였다가 15년에 도
호부로 승격하였다. 현재의 춘천 중심지에 도시가 형성되기 시작한 시
기는 불분명하지만, 1216년 경 몽고의 침입 시 봉의산성을 근거지로 항
쟁하였던 기록과 봉의산 서쪽 자락에 고려시대의 절터로 추정되는 흔적
이 있음을 볼 때 늦어도 고려 때에는 현재의 봉의산鳳儀山을 배경으로 도
시가 형성되었다고 볼 수 있다.

이와 같은 역사적 맥락에 근거해 보면 고려시대 당시 사회 전반에 영
향을 미쳤던 풍수 사상은 이전의 우두산 일대에서 지금의 춘천으로 읍
치邑治를 옮길 때의 입지 선정이나 도시 형성에도 영향을 끼쳤을 가능성
이 크다. 그리고 『여지도서』 등의 기록에서 보이는 바와 같이 조선시대

---

2) '우리나라의 모든 산은 모두 백두산에서 발원하여 마천치령 이남으로는 금강산 오대산 태백
   산이 되었고, 지리산에 이르러 마친다(我國諸山 皆發源於白頭山 自摩天鐵嶺而南爲金剛五臺
   太白 至智異而盡焉)'고 기록하고 있다.
3) '곤륜산의 한 가닥이 고비사막의 남쪽으로 나와 동으로 의무려산이 되었는데, 여기서 크게
   맥이 끊어져 요동벌이 되었다. 요동을 지나 다시 일어나 백두산이 되었으니 곧 산해경에서
   말하는 불함산이다(崑崙山一枝 行大漠之南 東爲醫巫閭山 自此大斷 是爲遼東之野 渡野起爲
   白頭山 卽山海經所謂不咸山)'라고 하였다.
4) 『산경표』에 의하면 백두산으로부터 지리산에 이르기까지 남북으로 이어 주는 백두대간(白
   頭大幹)을 근간으로 삼아 그 중간에 많은 정간과 정맥의 산줄기들이 나누어지는 체계를 기술
   하고 있다. 특히 『산경표』에서는 산줄기의 흐름을 기술하는 방법에 있어 마치 족보와 같은
   기술 체계를 택하고 있어 주목된다. 아울러 대간과 정맥사이로 흐르는 수계에 관해서도 구체
   적으로 언급하고 있다. 『산경표』에서 이들 대간과 정간 및 정맥 등의 산줄기와 수계를 따라
   산천과 도시의 입지를 이해하고자 한 점은 풍수사상과 밀접한 관계가 있다.

에는 풍수적 관념에 입각해 도시 구조가 해석되고 있음을 주목할 필요가 있다. 풍수에서 말하는 이상적 지형은 배경이 되는 현무를 중심으로 좌청룡 우백호 그리고 전면으로 주작의 지형 조건을 갖춘 곳인데, 춘천의 풍수적 도시 모습은 『여지도서』의 기록과 읍지도를 통해 살필 수 있다. 즉 『여지도서』 「산천」조에는 봉산鳳山의 주맥인 대룡산大龍山 그리고 죽방산箭防山에서 향노산香爐山 봉황대鳳凰坮로 이어지는 산줄기의 흐름을 용맥龍脈의 개념에 근거해 기술하고 있어 춘천을 풍수적으로 해석하는 단서를 제공하고 있다.

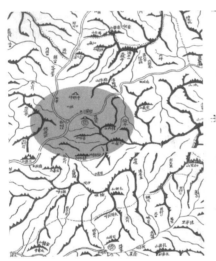

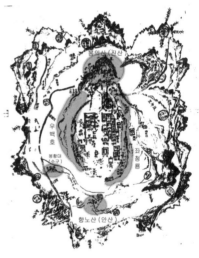

그림 14) 대동여지도의 춘천 　　　　　 그림 15) 풍수적 관념에 의한 춘천지형

그림 16) 봉의산-봉황대로 이어지는 지형

　특히 「산천」조 첫 부분에 나오는 봉산鳳山을 부치府治의 진산鎭山이라 기술하고 있어 주목된다.5) 진산은 도시의 주산을 말한다. 계속해서 향

노산香爐山은 읍기邑基의 안산案山, 봉황대鳳凰坮는 읍기의 수구水口라 하고 있다. 안산案山은 현무에 대응하는 주작朱雀이고, 특히 혈이나 명당으로부터 흘러나온 기가 청룡과 백호 사이를 지나 머무는 지점을 말하는 수구水口를 봉황대로 설정하고 있다.

그리고 『여지도서』에는 좌청룡 우백호에 관해서는 구체적으로 명시하고 있지 않지만, 읍지도에 봉의산을 중심으로 하여 좌우로 자연스럽게 산세가 이어지고 있음을 묘사하고 있어 좌청룡 우백호를 상정할 수 있다. 따라서 춘천을 풍수적으로 해석하는 단서를 얻을 수 있다. 그러나 실제로 이들 지역은 봉의산을 중심으로 좌우로 흘러내리는 구릉지로서 현재는 모두 시가지화 되어 있어 시각적으로 인식하기 힘든 상황이다.

한편, 가연리 남쪽으로 숲이 형성되어 현재의 죽림동에 해당되는데, 이 숲과 관련해서 '봉의산의 상징인 봉황은 대나무열매를 먹고 살기 때문에 대나무 숲이 있어야 한다. 이로 인해 봉의산에 대칭되는 마을로서 죽림동이라는 이름을 정했다'는 마을의 유래가 전한다. 이와 같이 춘천의 도시 공간을 풍수적 가치관에 맞추고자 했던 당시의 비보적 방법도 살필 수 있다.

🦅 도시 구조

조선시대의 춘천부는 작은 도시였다고 할 수 있는데, 일제강점기를 거치면서 인구가 급격히 늘어 근대 도시로 발전하게 된다. 그림에서 보는 바와 같이 조선시대의 춘천부는 봉의산에 산성을 쌓아 방어 체계를 갖추고 있었으며, 당시 도시를 형태지우는 읍성은 축성되지 않았다. 이는 전술한 바와 같이 봉의산을 중심으로 좌우로 흘러내린 춘천의 산세가 마치 성벽처럼 자연스럽게 도시 영역을 감싸 안는 형세의 사신사四神

---

5) 춘천에서는 봉의산과 봉산을 혼용하여 사용하고 있음을 볼 수 있다.

砂를 이루고 있어 따로 읍성을 쌓을 필요성을 느끼지 못하였기 때문으로 판단된다.

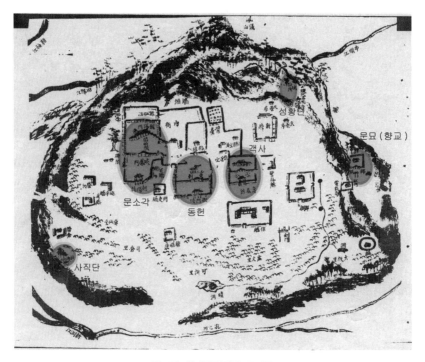

그림 17) 일제강점기의 도시구조

봉의산성

봉의산성의 축성 시기는 분명하지 않지만 『신증동국여지승람』 「고적」 조의 기록에 따르면, 산성은 돌로 쌓아 둘레가 2,463척이고 높이가 10 척이었던 것을 알 수 있다. 현재 산성은 강원도청 뒷산인 봉의산 8부 능 선 지점에서 성벽의 일부를 확인할 수 있으나 대부분은 없어졌다.

🦅 관아 시설

읍지도에서 보는 바와 같이 춘천의 관아를 비롯한 주요 시설물은 봉의산을 배경으로 배치되어 있다. 특히 동헌東軒을 중심으로 그 왼쪽으로는 객사客舍를 두고, 오른쪽으로는 문소각問昭閣이 배치되어 있다. 춘천부의 동헌은 그림에서 보는 바와 같이 아문루와 삼문을 거쳐 정전에 이르는 전형적인 동헌의 공간배치를 하고 있으며, 그 뒤편으로 내아內衙가 위치하고 있다. 그리고 그 옆으로는 문소각이 동헌과 서로 유기적으로 연결되어 있다. 문소각聞韶閣은 조선 인조 24년(1646)에 춘천도호부사 엄황嚴滉이 세운 후 1916년에 소실되었다. 지금은 문소각의 문루였던 조양루朝陽樓와 내삼문이었던 위봉문威鳳門이 남아 있어 그 일단을 살필 수 있다.6) 현재 조양루는 우두산 산록에, 위봉문은 도청 건너편으로 옮겨졌지만 향후 원위치로 옮기는 것이 좋겠다.

🦅 객사 수춘관

조선시대 지방도시를 구성하는 공간 가운데 위계성이 가장 높은 곳은 전패殿牌를 모시고 왕권의 지배를 상징하던 객사客舍이다. 1530년에 편찬된 『신증동국여지승람』의 기록에는 객사에 관한 직접적인 기록은 없으나, 「누정樓亭」조에 봉의루가 객관 북쪽에 있다고 기록되어 있어 객관 즉 객사의 존재를 확인 할 수 있지만 구체적인 규모나 위치는 언급이 없다. 후대의 기록인 『여지도서』 「공해」조와 『춘천읍지』 「공해」조에서도 간략한 기술이 있을 뿐이어서 후대의 기록인 『춘천풍토기』의 기록을 통해 그 일단을 추정해 볼 수 있다. 그 기록에 따르면, 춘천도호부의 객사는 수춘관壽春館으로 선조 34년(1601)에 부사 허상이 건립하였다. 두 기록에

---

6) 현재 조양루(朝陽樓)는 우두산으로 옮겨져 있다. 위봉문은 조양루의 이건 후 그 자리로 옮겼다가 1955년에 도청 뒤로 옮겼다. 이후 1972년에 지금의 자리로 다시 옮겼다(『春川百年史』).

서 차이를 보이는 건립 시기 문제는, 1601년의 건립기록을 재건으로 보아야 옳을 것이다. 이후 수춘관은 구한말 화재로 소실되었으며, 그 자리는 일제강점기 때 춘천경찰서가 자리했던 것을 확인할 수 있다. 참고로 수춘관지는 지금 강원도청 주차장 자리에 해당된다. 객사의 공간 배치는 누문과 삼문을 거쳐 정전인 수춘관에 이르는 전형적인 형식으로 이루어 졌음을 알 수 있다. 그리고 객사나 동헌 문소각 등의 주요 시설물 외에도 실질적인 행정을 관할했던 향청鄕廳 작청作廳 지곡당志穀堂 연무정錬武亭 훈련청訓練廳 교련청敎鍊廳 토포청討捕廳 집추당集秋堂 등의 건축물들이 현 중앙동 지역에 분산 배치되어 있었다.

제사 시설

조선시대는 유교적 정치이념으로 운영되던 시기이다. 조선은 건국과 함께 지방 도시의 형성도 그러한 정치이념에 맞추고자 하였으며, 그것이 현실적으로 구현된 것이 사직단社稷壇 문묘文廟 성황사城隍祠 여단厲壇 등의 제사 시설 조영이라 할 수 있다. 이들은 모두 관청의 주도하에 유지 운영되었다.

사직단

춘천의 사직단은 『신증동국여지승람』에 의하면 부의 서쪽에 있다고 기록되어 있고, 『춘천읍지』에는 '부치 서쪽 가연리 산자락이라 하여 보다 구체적인 위치를 기술하고 있다.7) 아울러 『춘천풍물기』에는 사직단

---

7) 원래 사(社)는 토지신을, 직(稷)은 곡식신을 의미하는 단어로 농경문화를 그대로 반영하는 공간이자 의례라 할 수 있다. 『삼국사기』에 보면 신라 제36대 선덕왕 때 서라벌에 사직단이 조영되었음을 알 수 있고, 이후 고려 때에도 도읍인 개경(開京)에 설치되었다. 그런데 고려 때까지 사직단은 도성에만 설치되었던 것으로 보이고, 조선시대가 되면서 각 도의 부(府) 군(郡) 현(縣) 등의 지방도시에도 설치되었다. 『태종실록』의 기록을 통해 태종 6년(1406)

의 위치를 춘천읍 대화정 뒷산 산자락이라고 기술하고 있는데, 이는 현재 중앙초등학교가 위치하는 구릉 부근으로 비정된다. 춘천의 사직단 형태나 규모에 관한 직접적인 기록은 없지만 『국조오례의』의 기록에 '주현(지방)의 사직단은 서쪽에 있고, 사직은 함께 한 단으로 한다'고 되어 있어 지방 사직단의 조영 기준과 형태를 살필 수 있으며, 수원의 사직단을 통해서도 그 일단을 살필 수 있다. 아울러 이와 같은 지방 사직단의 형태나 규모는 최근 발굴 조사된 경산慶山의 사직단과 삼척三陟의 사직단을 통해서 보다 구체적으로 확인할 수 있다.

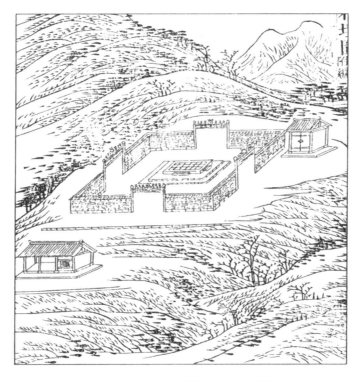

그림 18) 수원 사직단(『화성성역의궤』 인용)

이후 지방도시에도 사직단이 새로 설치되었음을 확인할 수 있다.

문묘

춘천향교의 문묘는 『춘천읍지』에 부의 동쪽 5리에 위치하고 있다고
기록되어 있으며, 춘천의 문묘는 현존하고 있어 그 위치 및 규모, 형태
를 실제로 확인할 수 있다.

 성황단

춘천부의 성황단은 『신증동국여지승람』에서는 봉의산에, 『춘천읍지』
에서는 현의 북쪽 4리 봉의산에 있다고 하여 구체적인 거리를 언급하고
있다. 다음 그림에서도 봉의산 산자락에 위치하고 있음을 묘사하고 있
어 그 위치를 추정해 볼 수는 있으나 구체적인 위치 비정은 어려운 상황
이다. 원래 성황신은 본래 중국에서 도시의 수호신으로서 당나라 때부

그림 19) 중국 산서성 평요고성의 성황묘

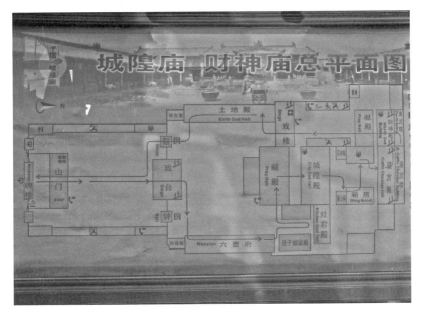

그림 20) 성황단 평면도

터 제사되었으며, 송나라 원나라 때부터 점차 전국적으로 보급되었다. 성황단은 도시의 수호신인 성황신을 모시는 단이다. 중국에서는 현재까지도 거대한 규모의 성황단이 더러 보존되고 있다. 우리나라의 경우 『태조실록』의 기록에 의하면 태조 때에 성황신에 대한 제사 규식과 함께 지방도시의 성황단이 정비되었다고 한다. 오늘날 우리나라에는 성황단이 남아있는 경우가 거의 없다. 미신타파 운동의 결과이다. 미신타파와 전통보존은 양립할 수 없는 관계이기만 했을까!

여단(厲檀)

춘천부의 여단은 『춘천읍지』에 현에서 8리인 소양강의 동쪽 언덕에 있다고 하여 소양강 동쪽으로 추정되나 그 위치를 정확히 고증하기는 힘들다. 여단은 일명 여제단厲祭檀이라고도 부르며, 『춘관통고春官通考』의 기록에 따르면 조선 정종 2년(1400)에 처음 설치했고, 지방의 각 주와 현에도 설치되었음을 확인 할 수 있다. 이 여단은 돌림병이나 자연적인 재앙이 발생하였을 때 혹은 그러한 것들을 막기 위한 행사를 베푸는 곳으로, 국가에서는 이 여단제를 지내줌으로써 민중들의 심리적 안정과 함께 사회적 안정이라는 효과를 얻을 수 있었다. 조선시대에는 민간 신앙적 성격이 강한 이들 제사 공간들을 국가적인 공식 행사로 수용함으로서 왕권을 중심으로 한 중앙집권적 지배구조를 구현하고자 했던 유교적 이념이 도시 형성과도 밀접하게 관련 있음을 알 수 있다.

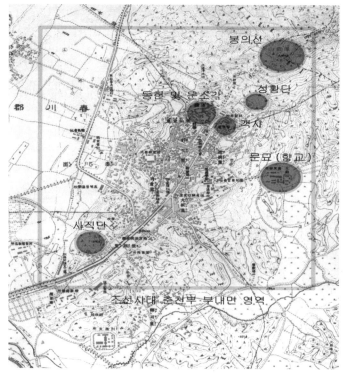

그림 21) 지형도상 춘천시설물 위치추정도
(朝鮮總督府 제작의 ―萬分―朝鮮地形圖상에서 필자 작성)

4. 순흥

🦃 역사적 경관

순흥은 조선시대 순흥부順興府가 설치되었던 곳으로 행정구역은 지금의 경북 영주시 순흥면 단산면 부석면 일대이었으며, 읍치는 순흥면 읍내리에 있었다. 순흥은 조선 태종 13년(1413)에 도호부가 되었다가, 세조 3년(1457)에 풍기군에 속하였으며, 숙종 9년(1683)에 다시 도호부로 복구되었다. 이후 1914년 군현 통합에 의해 영주시와 봉화군에 나누어 들어갔다.

조선시대 당시 순흥의 읍치경관을 「순흥부 지도」(1776년 무렵 제작된 지방지도)를 통해 살펴보면, 순흥 읍치에는 읍성이 조성되지 않고 객사와 아사를 비롯한 관아시설을 중심으로 묘사되어 있다. 그러나 『여지도서』의 기록에 의하면 원래 순흥에는 1,019척 길이의 읍성이 있었다고 되어 있다. 그리고 향교를 제외하고 사직단 여단 성황단 등 당시 읍치경관의 중요한 요소였던 제사시설들은 묘사되어 있지 않지만, 『여지도서』등의 읍지 기록을 통해서 그러한 제사공간을 비롯하여 서원 등 유교이념에 의해 건축되었던 전형적인 읍치경관들을 확인할 수 있다. 아쉽게도 현재는 대부분의 역사적 경관들이 훼손되어 그 위치조차 불분명하여 조선시대 순흥 읍치의 위상을 살피기는 어려운 상황이다. 그러나 봉서루鳳棲樓가 복원되어 옛 정취의 일단을 느낄 수 있게 한다.

그림 22) 순흥부 지도(서울대학교 규장각 소장 지승/1776년 이후 제작)

순흥 읍치의 지형도 용맥龍脈의 개념으로 설명되는 풍수사상에 의해
해석될 수 있다. 『여지도서』순흥부 「산천」조에 의하면 순흥의 진산은
비봉산飛鳳山이며, '비봉산은 부의 진산으로 소백산으로부터 왔다' 또는
'비봉산은 군의 북쪽에 있어 진산이 된다'고 하는 풍수적 용맥 개념을
확인할 수 있다. 그리고 비봉산 외에는 구체적인 내용이 없지만 「순흥
부 지도」를 통해 비봉산을 현무로 하는 전형적인 풍수적 형국을 상정해
볼 수 있다.

🦅 봉황사상의 공간

순흥의 풍수적 개념에 근거한 지형해석과 함께 주목되는 것이 봉황 이야기가 담긴 설화이다. 영주문화원에서 제공하는 홈페이지의 기록에는 봉서루鳳棲樓의 건립경위를 다음과 같이 전하고 있다.

옛날에 순흥은 한산한 고을이었다. 하루는 지리에 능통한 이인(異人)이 나타나 지형은 번성할 곳이나 앞이 너무 허해서 순흥의 진산인 비봉산의 봉이 남쪽으로 날아가 이곳이 흥할 수가 없다고 했다. 그것을 듣고 있던 고을 사람들이 어떻게 하면 되느냐고 묻자 남쪽에 큰 누각을 짓고 오동나무를 심어 봉이 못 가도록 알을 만들어 두면 이 지방이 흥하고 명인이 많이 날 것이라고 하고 사라져 버렸다. 고을 사람들이 너무 이상해서 서로 수의를 거듭한 결과 읍에서 남쪽 1.5㎞되는 곳에 큰 누각을 짓고 봉서루라고 이름하고 그 옆에 흙을 쌓아 봉의 알을 세 개 만들고 누각 앞에 오동나무를 많이 심어 두었다. 몇 년 안가서 이인(異人)이 말한 대로 글 잘하는 선비와 이름난 무인이 나고 또 고을이 번성하게 되었다.

앞에서 이미 살펴본 동화사의 경우와 같이 봉황이 깃드는 누각을 뜻하는 봉서루鳳棲樓는 『교남지嶠南誌』「누정」조에 기록되어 있는 안축(1287-1348)의 기문을 통해서 순흥에는 이미 고려 때부터 봉서루가 있었음을 알 수 있으며, 위의 설화를 통해서도 봉황의 음덕을 기원하는 지역민의 염원을 읽을 수 있다. 즉, 순흥의 번성을 염원하여 읍치 앞쪽 수구부의 지세를 보완하기 위해 지동리에 3개의 조산(봉알)을 만들고, 그 곁에 봉서루를 세우고 오동나무 숲을 가꾸었다. 봉황이 깃드는 곳인 오동나무와 후손을 상징하는 알자리를 마련하여 봉황이 다른 곳으로 날아가지 못하도록 하는 지역민의 염원을 담은 읍치의 인위적 공간개조가 시도되었음을 확인할 수 있는 것이다.

그림 23) 봉서루와 봉알

한편, 위의 기록과 함께 주목되는 것이 있다. 봉서루는 일제 때인 1930년경 지금의 순흥면사무소 경내로 옮겨져 중건하였는데, 이후로 순흥에는 인물도 나지 않고 지방의 번영이 점점 쇠퇴해 가므로 주민들은 봉서루를 헐어 읍내로 옮긴 것을 후회하였다고 영주문화원은 기록하고 있어 봉황사상이 지역민의 정서에 계승되고 있음을 확인하게 한다. 이와 같은 주민들의 염원을 담은 봉서루는 2006년 12월 원래의 위치인 순흥면 지동리에 다시 복원하였다.[1]

---

1) 북부유교문화권 개발사업의 일환으로 추진된 봉서루 이전 복원은 7억800만원의 사업비를 들여 2004년 12월부터 2006년 12월까지 2년간 봉서루 복원, 담장 설치, 화장실 설치, 소공원 조성 등을 통해 새롭게 단장했다.

5. 예천

🦃 역사적 경관

예천은 조선시대 예천군이 설치되었던 곳으로, 행정구역은 지금의 경북 예천군 예천읍 용문면 유천면 감천면 보문면 호명면 일대와 문경시 동로면 의성군 다인면 지역을 포괄하였으며, 읍치는 예천읍 노상리에 있었다. 예천의 기원은 불분명하지만, 신라 경덕왕 16년(757)에 예천군으로 처음 이름 지은 이래 여러 차례 행정구역의 변화를 겪으면서 태종 16년(1416)에 예천군醴泉郡으로 이름을 고쳐 지금에 이르고 있다. 예천은 그 이름이 뜻하는 바로는 물이 매우 좋아 술 담그기에 최고라는 의미이다.

예천 읍치에는 「예천군 지도」에서 보는 바와 같이 읍성은 설치되지 않았으며, 읍치 내의 주요 시설물들로는 객사客舍 아사衙舍, 쾌빈루快賓樓, 반학정伴鶴停 무위당無爲堂 사과재思過齋 봉서루鳳捿樓 창사倉舍 등의 관아시설과 향교 성황단 사직단 여제단 그리고 봉란鳳卵 등의 공간들을 확인할 수 있다. 현재 향교를 제외한 대부분의 공간들은 근대이후의 개발과정 속에 훼손되어 아쉬움을 남기고 있다.

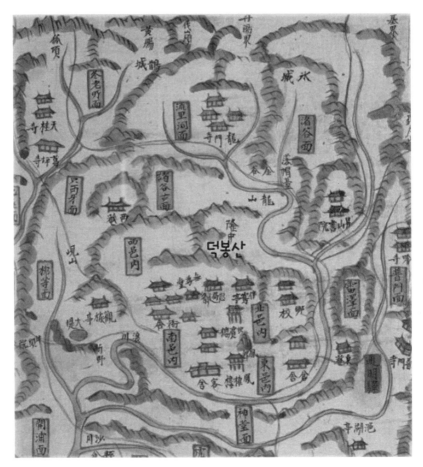

그림 24) 예천군 지도(서울대 규장각 소장, 지승/1776년 이후 제작)

🦅 봉황 공간

예천의 입지해석과 관련하여 『교남지嶠南誌』의 기록을 보면, '덕봉산德
鳳山은 군의 서쪽 3리에 있는데 소백산으로부터 와서 읍의 진산이 된다'
고 하였다. 순흥과 마찬가지로 진산이 되는 덕봉산 외에는 구체적 기록
이 없지만 「예천군 지도」를 통해서 덕봉산을 현무로 하는 예천의 풍수
적 형국을 상정해 볼 수 있다.

예천의 진산인 덕봉산과 관련하여 주목되는 기록으로, 『경상도읍지』에는 '예천읍 서쪽 3리에 있는 진산인 덕봉산이 비봉형국이어서 읍치의 수구水口부분인 구룡나루에 비보하였다'고 하였고, 이와 관련하여 최원석은 '봉란산은 읍의 동쪽 동정東亭 가에 있는데 세간에 전하기를, 군의 주산主山은 비봉형이라 이것을 가르켜 봉란산이라 말한다'고 하고 있다. 그리고 1776년 이후 제작된 『지승』의 「예천군 지도」를 통해 봉란鳳卵을 확인할 수 있다. 아쉽게도 봉란은 1960년대 초까지는 지금의 파라다이스호텔 근처 구룡나루에 있었으나 도시개발과정에서 사라졌다고 전한다. 또한 「예천군 지도」에는 덕봉산德鳳山과 봉란 외에도 봉황이 깃드는 봉서루鳳棲樓, 봉황을 기쁘게 하기 위한 의미를 담고 있는 연빈루燕賓樓 등 봉황과 관련된 건축적 공간들을 확인할 수 있지만 현재는 남은 자취가 없다.

6. 선산

역사적 경관

　선산은 조선시대 선산부善山府가 설치되었던 곳으로, 행정구역은 지금의 경북 구미시 선산읍 해평면 산동면 도개면 옥성면 무을면 고아면 일대였으며, 읍치는 선산읍 동부리 인근에 있었다.

　읍치에는 고지도에서 보는 바와 같이 둘레 2,570척에 높이가 4처 5촌인 읍성이 중심경관을 이루고 있으며, 읍성 내에는 객사 아사 인리청人吏廳 장청將廳 진창賑倉 찰미루察尾樓 낙남루洛南樓 봉하루鳳下樓 등의 관아시설이 설치되어 있었다. 읍성 밖으로는 성황단 사직단 여단 등의 제사시설과 향교 향사청 등의 시설들도 확인 가능하다. 선산의 객사는 18세기에 지금의 선산초등학교 자리에 건립된 후 1914년 현 위치로 옮겨져 선산면사무소로 사용되다가 1987년 내부를 개조하여 향토사료관으로 이용되고 있다. 지방유형문화재 제221호이다. 현재 조선시대에 구축된 역사적 경관들은 객사의 일부를 제외하고는 대부분은 훼손되었지만, 2002년 역사문화유산 복원사업의 일환으로 선산읍성의 남문인 낙남루洛南樓가 복원된 것은 역사적 경관의 재생이라는 측면에서 의미 있는 사례라 할 수 있다.

그림 25) 선산부 지도(서울대 규장각 소장, 1872년 관찬 지방지도)

🐦 봉황 공간

선산의 지형해석과 관련하여 『교남지嶠南誌』에 '비봉산飛鳳山은 군의 북쪽 십리에 있으며 상주의 연악산에서부터 비롯되어 진산이 되었다'고 하는 지형해석을 확인할 수 있다. 진산이 되는 비봉산 외에는 구체적 기술이 보이지 않지만 1872년 제작된 지방 읍지도를 통해 비봉산을 현무로 하는 선산의 풍수적 형국을 상정해 볼 수 있다.

봉황사상과 관련하여 주목되는 읍치의 공간개조 사례는 『경북마을지』에 다음과 같이 기술되어 있다.

선산읍의 진산은 비봉산으로서 봉황이 날아가 버리면 고을이 망한다고 황산리 앞산을 황산이라 이름 지어 짝을 지우고 봉황을 기쁘게 한다 하여 화조리 혹은 영봉동을, 봉황은 죽실을 먹는다고 대나무를 상징하여 죽장리라 하였거나 봉황이 날아가지 못하게 그물을 친다는 의미로 망장동이라 하였다[1]. 이 외에도 무래리(舞來里) 역시 봉황(鳳凰)이 날아오는 것을 뜻한다. 그뿐만 아니라, 봉황(鳳凰)은 알을 다섯 개를 낳는데 한 개는 이미 앞들에 있는 동산이므로 다시 네 개의 동산(五卵山)이 되게 하였다. 선산의 경우 고을의 진산이 비봉산(飛鳳山)으로서 봉황은 알을 품는 형세가 되어야 명당 형국을 이룰 수 있다 하여 인위적으로 다섯 개의 봉황알을 상징하는 흙무지를 조성하였던 것이다. 이 다섯 개의 동산은 세월이 흘러감에 따라 점차 허물어져 1966년 경지 정리에 따라 자취를 감추고 지금은 한 개의 동산만이 남아 있다.

위의 기록을 통해 선산에는 봉황과 관련하여 봉황의 먹이가 되는 대나무를 상징하는 죽장리를 비롯하여 망장동 황산리 영봉동 등 봉황을 머물게 하고자 하는 염원이 담긴 지명을 확인할 수 있으며, 이 외에도 읍성 내의 봉하루鳳下樓와 비봉산 뒤편 미봉사尾鳳寺를 통해서도 봉황사상의 흔적을 살필 수 있다.

---

1) 최원석, 『한국의 풍수와 비보』(민속원, 2004), p.333~334.재인용.

7. 영천

역사적 경관

영천은 조선시대 영천군이 설치되었던 곳으로 지금의 경북 영천시 금
호읍 청통면 대창면 북안면 고경면 임고면 자양면 일대로 읍치는 성내
동 인근에 있었다.

그림 26) 영천군 지도(서울대 규장각 소장, 지승-1776년 이후 제작)

영천에는 고지도에서 보는 바와 같이 읍성을 중심으로 읍치가 설치되어 있다. 『영천군읍지』(1831년)에 따르면, 읍성 내에는 객사(영빈관) 동헌(목애당) 외에 내아 향사당 장관청 군관청 인리청 등의 관아시설들과 향교 그리고 읍성 밖으로는 성황단 사직단 여제단 등의 제사시설들도 확인 가능하다. 하지만 이들 시설의 대부분은 훼손되고, 지금은 향교와 조양각朝陽閣만이 옛 정취를 느끼게 하고 있다.

🐦 봉황 공간

영천의 지형해석과 관련하여 『여지도서』 영천군 「산천조」에는 군의 진산이 모자산임을 기록하고 있다. 그런데 모자산은 영천 읍치로부터 90리나 떨어져 있어 읍치의 실질적 배경이 되는 산 즉 풍수적 의미의 현무를 필요로 하게 된다. 현무에 대한 구체적 기술은 없지만 『신증동국여지승람新增東國輿地勝覽』의 기록에 영천의 지세가 비봉형飛鳳形이라 기록하고 있고, 우백호의 흐름 속에서 유봉산遊鳳山과 읍치 남쪽의 안산인 작산鵲山을 통해 영천에서의 봉황 흔적을 살필 수 있다.

영천군의 경우 유봉산遊鳳山 작산鵲山 등의 지명 유래를 통해 봉황사상의 흔적을 확인 할 수 있다. 『신증동국여지승람』에,

작산은 고을 남쪽 6리에 있다. 세상에서 전하기를 이 고을의 지형이 나는 봉(鳳)과 같다 하는데, 봉은 대나무를 사랑하고, 또 까치가 지저귀면 날아가지 않는 것을 보았으므로 산의 이름을 작(鵲)이라 하고 또 죽방(竹防)이 있다. 죽방산(竹防山) 고을 남쪽 9리 떨어진 곳의 남천(南川)과 북천(北川) 두 물 어구에 있다.

고 하였다. 작산鵲山의 유래와 관련해서는, 봉황이 떠나가지 못하게 하기 위해 산의 이름을 작산이라 하였으며, 또한 『교남지嶠南誌』의 기록에 죽방산을 일러 유봉산遊鳳山이라 한 바와 같이 영천에서 봉황과 관련된 흔

적들을 살필 수 있다. 그리고 죽방산에는 죽방사竹防寺가 조성되어 봉황
사상과의 관련성을 알게 한다.

8. 의령

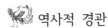 역사적 경관

조선시대 의령은 의령현이 설치되었던 곳으로, 읍치邑治는 현 군청지를 중심으로 의령읍 서동리 일원에 있었다. 읍치에는 고지도에서 보는 바와 같이 읍성을 중심으로 읍성 내에는 객사宜春館 동헌樂豊軒과 향사당鄕射堂 군관청軍官廳 장관청將官廳 인사청人使廳 등의 관아시설들이 묘사되어 있다. 그리고 읍성 밖으로는 향교와 성황단 사직단 여제단 등의 제사시설들도 확인 가능하다. 하지만 이들 시설의 대부분은 훼손되어 그 위치조차도 확인하기 어려우며, 현재 읍성 서쪽 성벽의 일부가 잔존하고 있지만 이마저도 보전에 대한 인식이 부족한 실정이다. 의령읍宜寧邑은 선사시대 이래 지금까지 유구한 역사를 가지고 있음에도 불구하고 현재 산재하는 역사적 환경들은 충분히 보전되고 있다고 보기는 어렵다. 가깝게는 조선시대 의령읍치宜寧邑治의 경관을 특징 지웠던 읍성邑城조차 대부분 훼손된 채 성벽의 일부만이 잔존하고 있으며, 향교와 덕곡서원德谷書院을 비롯한 역사적 공간들이 부분적으로나마 잔존하고 있어 의령읍의 옛 정취를 살필 수 있게 하지만, 이러한 역사적 환경들 또한 점차 지역민의 인식 속에서도 사라지고 있는 것이 현황이다.

연혁

의령읍에는 현재 중동리 서동리 지역에서 지석묘 입석 등 청동기 시대 유적들이 확인된 바 있어 문헌상에는 기술되어 있지 않지만 기원전을 거슬러 올라가는 오랜 시기부터 취락지가 형성되었던 것을 확인할 수 있다. 가야 삼국시대에 해당하는 5C를 전후해서는 의령지역에도 하나의 정치집단이 형성되어 주변 가야 소국들의 문물을 받아들이면서 성장했던 것으로 보이는데, 특히 중리 고분군의 축조집단은 소국과 같은 정치체를 이루고 있었던 것으로 추정된다.1)

통일신라시대가 되면서 서부경남 일대는 청주菁州(현재의 진주)를 중심으로 행정구역이 개편되었으며, 이때 의령에는 청주 아시량군阿尸良郡의 속현 장함현이 설치되었다. 의령의 향토지인 『의춘지』「건치연혁」조에 의하면 장함현은 경덕왕 16년(757)에 의령현으로 개칭되었고, 아시량군에서 개칭된 함안군의 속현에 속했으며, 고려 때에는 진주목의 속현이 되었다. 조선시대에는 의령현이 설치되었으며, 『여지도서』(1760년 편찬)의 기록을 통해 당시의 인구규모를 파악할 수 있다. 기록에는 호수는 6,840호이며, 인구는 29,565명(남자 13,732명, 여자 15,833명)으로 기록되어 있다.

한편 의령읍의 역사적 전개과정에서 읍명의 개명과 관련하여 주목되는 내용 가운데 『동국여지지東國輿地志』의 기록에는 원래 장함현의 위치가 현 의령읍이 아닌 칠곡七谷임을 밝히고 있다.2) 즉 의령현의 읍치邑治가 지금의 위치에 조성된 시기는 위의 기록을 통해서는 불분명하지만 현 의령현 서쪽 17리에 있는 칠곡면 내조마을이 장함현獐含縣과 의령현의 구읍치舊邑治가 위치했던 곳으로 추정되고 있다.3) 현재 내조마을에는 읍

---

1) 경상대학교박물관, 『문화유적분포지도-의령군-』, 2007, 23쪽.
2) 縣西十七里七谷里 有獐舍古懸墟 其西山有廢寺
3) 허백령 편저, 『우리고장 땅이름』(의령문화원, 1997). 177쪽.

치였을 때 향교가 있었던 것으로 전해지고 있으며, 원터 원새미 옥터밭과 같은 지명을 통해서도 관아가 있었음이 추정된다.

입지현황

의령읍의 입지 환경은 군청 뒤에 자리하고 있는 봉무산鳳舞山이 읍의 배경이 되고, 읍의 전면으로는 의령천과 그 너머로 구룡산龜龍山이 자리하고 있어 전형적인 배산임수의 입지조건을 갖추고 있다고 할 수 있다. 의령에는 청동기시대 이래의 유적과 함께 조선시대에 형성된 읍성지邑城址를 비롯한 추재秋齋 의령향교宜寧鄕校 덕곡서원德谷書院 정암루鼎岩樓 등의 역사적 유적이 남아 있다. 오늘날 도시계획의 세계적인 흐름은 이전의 역사적 사실을 무시한 채 새로운 것만을 만들어가기보다는 지역의 역사나

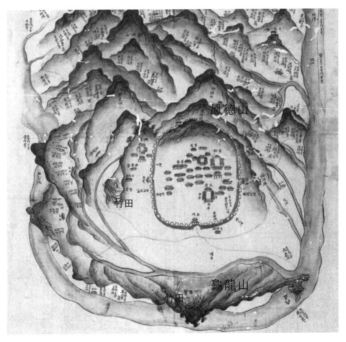

그림 27) 의령현지도(서울대 규장각 1872년 지방지도)

의미를 담고 있는 공간이나 흔적이 있다면 발굴하고 보존 재생하는데 주력하고 있다. 이러한 관점에서 보면, 의령에는 풍수적 관념의 봉황사상에 의해 구축된 읍치경관이 잔존하고 있어 관심을 가질 필요가 있다.

🦚 의령의 풍수

풍수적 관념에서의 이상적인 입지조건은 좌청룡 우백호 전주작 후현무左靑龍 右白虎 前朱雀 後玄武의 조건을 갖추고, 좋은 기가 흐르는 곳을 가리킨다. 『여지도서輿地圖書』의 의령현 「산천」조 기록에는 황매산黃梅山 - 자굴산闍崛山 - 덕산德山으로 이어지는 산줄기의 흐름을 통해 풍수적 관념의 기氣를 언급하고 있어 주목된다. 즉 풍수에서는 이상적 입지에 이르는 산줄기의 흐름을 용맥龍脈이라 하며, 용맥을 통한 좋은 기의 흐름을 전제로 입지선정을 모색하고 있다. 다시 말하면 풍수에서는 천지만물을 생성하는 원천인 기氣가 존재하여 이것이 용맥 즉 땅을 통하여 흐르고, 좋은 기가 모인 곳을 찾아 도시와 주택 그리고 묘 등을 정하고자 한다.

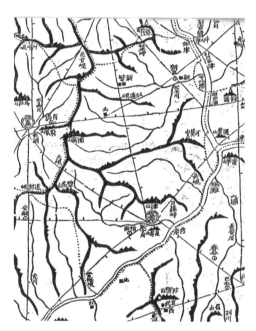

그림 28) 대동여지도에서 보는 의령

의령에 이르는 용맥을 살펴보면, 의령현의 배경이 되는 덕산은 황매산과 자굴산으로부터 기가 이어져 읍의 진산鎭山을 이루었으며, 읍 앞의 구룡산은 읍의 안산案山을 이룬다고 한다. 덕산이 현무玄武가 되고

구룡산을 주작朱雀으로 보는 풍수적 지형해석이다. 또한 『여지도서』 등
의 기록에는 좌청룡과 우백호에 대해서 구체적으로 언급하지 않지만
『대동여지도』와 고지도를 통해서 그 일단을 살필 수 있어, 조선시대 의
령현은 풍수 관념에 입각한 이상적 지형을 갖춘 도시로 해석되고 있다.
이러한 풍수적 해석은 당시의 의령 현민에게 그 고장이 살기 좋고 안전
며 복된 땅이라는 의식을 가지게 하는 수단으로도 활용되었을 것이다.

🦃 공간개조

풍수는 이상적 지형조건을 완전하게 갖춘 곳을 찾는 단계로부터 점차
풍수에서 제시하는 이상 조건을 인위적으로 만들어 가는 방향으로 전개
된다. 의령도 인위적 공간개조와 관련된 기록들이 보이는데 『의령군지』
에 다음과 같은 내용이 있다.

> 황덕유 현감4)은 성품이 온유하고 청렴한 목민관으로 훗날 그의 송덕비가 세워지기
> 도 한 인물로서, 풍수지리에 조예가 깊었다고 한다. 황 현감은 부임 이후 고을 주위
> 에 있는 산에 올라가서 지형, 지세를 살피고 지맥과 지혈을 찾아내느라 매우 바빴다.
> 어느 날 현감이 동헌 뒷산인 봉덕산에 올라 내려다보니 봉황래의의 지형으로 고을
> 읍지로는 아주 좋은 곳이었다. 그래서 산 이름을 봉무산으로 고쳐 부르게 하고 나무
> 를 많이 심게 했다. 그런데 맞은 편 안산에 오동나무가 없어 봉황이 깃들 수 없고
> 왕대나무가 없으니 봉황의 먹거리가 없다는 것을 황 현감은 알게 되었다 …그래서
> 황 현감은 두루 논의를 거쳐 안산에 대밭을 만들게 하고 산자락에 오동나무를 심도
> 록 권장했다.

---

4) 황덕유가 의령현감을 지냈던 시기에 관한 직접적인 기록은 확인할 수 없지만 현존하는 '감황
덕유선정비'에 '庚寅正月'에 세웠다는 기록이 있어 이 비가 1650년에 세워진 것임을 알 수
있다.

위의 기록에서 주목되는 사실은 봉황의 개념과 대나무 오동나무의 조성이며, 특히 의령현의 진산鎭山인 덕산德山의 다른 이름인 봉무산鳳舞山이란 지명으로부터 비보적 관점에서의 대나무 숲의 조성배경을 알 수 있다.[5] 대나무 열매는 봉의 먹이이고 오동나무는 봉이 내려앉는 나무이므로 의령宜寧에 봉황이 머무르게 하기 위해 대나무를 구룡산 기슭에 심었던 것이다. 고지도에서 우백호에 해당하는 산자락에 인위적으로 조성된 대나무 숲을 확인 할 수 있으며, 얼마 전까지도 의령교회가 위치한 구릉지 주변으로 대나무 숲의 일부가 잔존하고 있었다.[6] 기록들을 통해서 의령현은 배경이 되는 덕산 즉 봉무산과 안산인 구룡산 사이로 도시공간이 형성된 조선시대 당시 이상적 도시상都市像에 부합하는 입지조건을 갖추고 있었으며, 특히 우백호의 결함이 있는 곳에 대나무 숲으로 이를 보완하는 인위적 비보에 의한 공간개조가 전개되었음을 확인할 수 있다. 즉 봉무산(봉덕산) 구룡산과 관련하여 풍수적 관념에 의해 구축된 지형해석과 함께 비보적 개념에 의해 조성된 대숲, 오동나무 등은 의령의 역사적 경관요소로서 주목할 필요가 있다.

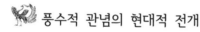 풍수적 관념의 현대적 전개

앞에서 말한 조선시대의 풍수적 관념은 오늘에도 이어져 2005년에

---

5) 풍수에서는 또한 산수지세를 어떤 물형과 상에 유추한 풍수형국명(風水形局名)과 또한 그러한 형국이 지역 주민에게 가져다주는 길운을 향수하고, 흉운을 진압하기 위해서 실시된 각종의 비보(裨補) 및 염승(厭勝)적 개념의 풍수가 있다. 즉 도읍(都邑)의 형국은 인(人)·물(物)·수(獸)·문자(文字) 등 여러 가지 형태에 비유되었고, 또 그 비유된 형국이 힘을 발휘하기 위해서는 풍수상의 취약점을 보완하거나 없애는 각종 비보·염승의 풍수책이 실시되었다. 여기에서 비보란 풍수상의 부족한 점을 인위적인 조작으로 보충한다는 뜻이며, 염승이란 풍수상의 흉한 기를 눌러 이긴다는 뜻이다(이몽일, 『한국풍수사상사연구』(日馳社, 1991). 146-147쪽).

6) 최근 의령교회 주변 구릉지에 산재하던 대나무 숲은 대부분 훼손되어 역사적 유래를 살필 수 없게 되었다. 하지만 아직 남군보 묘역과 읍성(邑城) 잔존 유구 일대에 대숲이 잔존하고 있다. 의령에 전승되고 있는 봉황사상과 관련 있는 대숲에 대한 보전방안이 필요한 상황이다.

새롭게 조성된 의령관문宜寧關門과 관련해서도 그 일단을 읽을 수 있다. 즉 「의령관문 조성기념비」에는 다음과 같이 기술되어 있다.

풍수지리설에 의하면 남산의 정기를 받고 있는 산자락이 고양이가 먹이를 취하려는 형상인데 도로개설로 끊어진 허리를 관문으로 이어 의령의 맥이 흐르게 함으로써 먼 후대까지 풍요로움과 인물의 고장으로 번창하기를 기원하는 소망을 담았습니다.

즉, 도로개설과 관련하여 단절된 남산으로부터의 기氣의 흐름을 그림에 보이는 관문으로 새롭게 이어준다고 하는 풍수적 의미부여를 하고 있어 주목된다. 이처럼 조선시대 풍수사상의 개념은 단절되지 않고 지금의 도시조영에 있어서도 직간접적으로 관계되고 있다. 그러나 아쉽게도 최근 관문 오른쪽 산자락을 허물어 버려 의령관문 조성 기념비의 의의를 잃어버린 아쉬움이 있다.

그림 29) 의령관문

🦚 관아시설

의령 읍성 내외에 설치되었던 제사 시설들은 읍성 관아시설과 함께 읍치의 경관을 구성하는 중요한 경관요소였음에도 불구하고 일제강점기 때 대부분 훼손되었다. 이러한 제사시설들과 함께 행정을 담당했던 관아 관련 시설들 또한 발굴하여 의령읍의 향후 경관계획에 반영할 필요가 있다고 생각된다. 의령읍치의 관아시설을 검토할 수 있는 향토지인 『교남지』「관공서」조의 기록을 통해 의령에는 가장 위계가 높은 공간인 객사 의춘관宜春館을 중심으로 동헌인 낙풍헌樂豊軒 그리고 향사당 군사청 등의 관아 시설들이 있었음을 확인할 수 있다.

🦚 객사(客舍)

객사는 조선시대 전패殿牌를 안치하여 초하루와 보름에 대궐을 향해 예를 행하는 향궐망배向闕望拜의 장소인 동시에 사신의 숙소로도 사용되었던, 지방읍치의 시설가운데 가장 높은 위계를 상징하는 곳이다. 의령읍 객사는 의춘관宜春館으로 인조 경오년(1630)에 중건되었다. 고지도를 통해 보는 의령객사의 형태는 전형적인 형태로 중앙정청을 중심으로 좌우 익랑들로 구성되었음을 확인할 수 있다. 객사의 위치는 불확실하지만 고지도를 참조해 볼 때 의령초등학교 인접지로 추정된다.

🦚 동헌(東軒)

동헌은 수령이 공식 업무를 행하는 곳이다. 의령의 동헌은 낙풍헌樂豊軒으로 건축 시기는 불분명하다. 고지도를 통해 볼 때 집무를 보는 낙풍헌 영역과 주거공간인 내아로 구성되었다. 또한 동헌 주변으로는 육방六房의 집무처가 인사청人使廳을 중심으로 배치되었으며, 그 외에도 향사청

^{鄕射廳} 창고 등이 있었다. 의령현 동헌의 위치는 군청자리로 추정되며, 동헌의 유구로 추정되는 초석 등이 일부 잔존하고 있다.

🦃 제사시설(祭祀施設)

조선시대에는 통치체제 강화 수단으로 사직단^{社稷壇} 성황단^{城隍壇} 여단^{厲壇} 문묘^{文廟} 등의 제사시설들을 각 지방읍치마다 설치하였다. 의령의 제사시설과 관련하여 『여지도서』「단묘^{壇廟}」조에는 사직단 성황사 여단에 관한 기록이 있다.[7] 이들 제사시설들은 대부분 훼손되어 전국적으로도 그 원형을 살피기 어려운 상황이지만, 대구광역시 수성구가 조선시대 경산현 사직단을 발굴 복원하여 지역의 역사적 환경으로 조성한 사례가 있어 주목된다. 의령의 경우에도 지자체의 의지여하에 따라서는 발굴 복원하여 역사적 환경으로 활용할 수 있는 여지가 있다.

🦃 사직단(社稷壇)

사직단은 토지신과 곡신을 제사지내는 제사공간으로 『주례』「고공기」에 '좌묘우사^{左廟右社}' 즉 왼쪽에는 문묘를 오른쪽에는 사직단을 설치한다고 하여 도시를 구성하는 중요한 시설로 다루어져 왔음을 확인할 수 있다. 의령의 사직단은 『여지도서』의 기록을 통해 그것이 성의 서쪽 5리 지점에 있었음을 알 수 있으며, 의령의 사직단 형태는 「의령현 지도」를 통해 전각이 설치되었음을 확인할 수 있다. 규모에 관해서는 직접적인 기록이 없지만 『국조오례의』의 기록과 대구 경산현 사직단 등의 자료를 통해 대강의 규모를 추정해 볼 수 있다.

---

7) 社稷在城西五里 城隍祠在城東外 厲壇在城北五里.

🦅 성황사(城隍祠)

성황단은 도시의 수호신인 성황신을 모시는 단이다. 의령읍의 성황사는 단이 아닌 건물로 조영된 것으로 기술되어 있으나 「의령현 지도」를 참조해 보면 단으로 묘사되어 있다. 성황사의 위치는 읍성 동쪽 밖으로 확인되지만 구체적 위치는 불확실한 하다.

🦅 여단(厲檀)

여단은 돌림병이나 자연적인 재앙이 발생했을 때 혹은 그러한 것들을 막기 위해 행사를 하는 곳이었다. 여단은 여제단厲祭壇이라고도 하며, 『춘관통고春官通考』의 기록에 따르면 조선 정종 2년(1400)에 처음 설치하고 지방의 각 주와 현에도 설치되었음을 확인할 수 있다. 의령읍의 여단은 읍성 북쪽 5리로 기록되어 있으며 「의령현 지도」를 참조해 보면 성황사지 뒤편 구릉지로 추정된다.

🦅 문묘(文廟)

조선시대는 통치이념을 구현하기 위해 성리학을 지방사회에 보급함으로서 유교문화를 확산 시켰으며, 특히 향교를 국가 주도하에 집중적으로 육성함으로서 유교적 정치이념을 도시 내의 시설물 속에 적극적으로 반영하고자 하였다. 어느 향교를 막론하고 가장 중요한 건물은 '대성전大成殿'이라는 현판이 붙은 곳으로, 좁은 의미에서의 문묘는 바로 이것을 의미한다. 의령의 문묘는 현존하고 있어 성황사 여단 사직단과는 달리 그 위치와 규모 형태를 확인할 수 있다. 특히 이건移建 년대도 1608년으로 구체적으로 확인할 수 있다. 『여지도서』의 기록을 통해 향교는 원래 동문 밖 소입所入에 있었던 것을 1582년 이함李涵 현감 때 서문 밖으로 옮겼음을 확인할 수 있다. 향교에는 대성전大成殿 명륜당明倫堂 전사청 동문 서문 신문 동서재 등이 있다. 그 옆에는 흥학당興學堂 양현재養賢齋 사마소司馬所 존덕재尊德齋 등의 건물이 남아 있다.

9. 함안

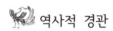 역사적 경관

　함안은 조선시대 함안군이 설치되었던 곳으로, 지금의 경상남도 함안
군 가야읍 함안면 여항면 군북면 법수면 대산면 산인면 그리고 마산시
의 진전면 북부를 포함하는 지역이었다. 현재 함안군청은 가야읍에 위
치하고 있으나, 1954년 군청이 현 가야읍으로 옮겨지지 전까지 옛 함안
의 중심은 함안면 봉성리 일대였다.

　조선시대 함안의 대표적 경관으로는 「함안군 지도」에서 보는 바와 같
이 둘레가 7,003척에 높이가 13척인 읍성을 중심으로 객사 아사 태평
루 등의 관아시설들이 묘사되어 있으며,1) 『함안총쇄록』에 의하면 관아
시설 외에도 봉황사상과 관련하여 주목되는 경관요소로서 오동림과 죽
림 등의 숲이 존재하였음을 확인할 수 있다. 하지만 이들 공간의 대부분
은 훼손되었으며, 현재는 읍성 성벽의 일부만이 잔존하고 있는데 이것
도 체계적인 보존관리가 이루어지지 않아 대책마련이 시급하다.

---

1) 오횡묵의 『함안총쇄록』에 의하면, 공해시설로는 객사 동헌 향사당 군관청 장관청 기고청
　인리청과 청범루 태평루 봉서루 금학헌 남덕헌 동문루 남문루 북문, 풍화루 무진정 양사재
　등의 누정이 있다.

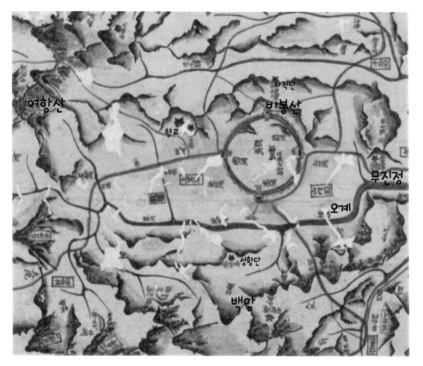

그림 30) 함안읍 지도(서울대 규장각, 1872년 지방지도)

🦃 봉황 공간

　함안의 입지해석과 관련하여 『여지도서』의 함안군 「산천」조에는 군의 서남 15리에 있는 여항산을 함안의 진산으로 기록하고 있으나, 실질적인 주산의 존재는 1750년 초에 제작된 함안읍의 지도를 통해 확인할 수 있다. 즉 여항산에서 비롯된 산줄기가 읍기의 배경이 되는 비봉산을 이루고, 이 비봉산飛鳳山을 배경으로 읍치가 형성되어 있음을 확인할 수 있다.

　함안의 주산인 비봉산과 연관된 경관요소들은 문헌 기록을 통해서 확인 가능하다. 특히, 오동나무와 관련해서 『함안총쇄록』(오횡묵, 1890년)에 그 아래는 푸른 절벽이었는데 큰 내가 남쪽으로부터 와서 고여 거울 같았다. …내 밖으로는 천 그루 정도의 벽오동이 있었다. …푸른 대 숲이 정자 뒤에 총총히 나 있으나 모두 옛날 모습은 없으니…

이라는 기문의 내용을 기록하고 있어 그 이전의 경관을 상상해 볼 수 있으며, 이 외에도 봉서루鳳棲樓와 죽림竹林 오동림梧桐林 등을 통해 봉황사상에 의해 함안의 읍치경관이 재구축되었음을 살필 수 있게 한다.

10. 진주

🕊️ 역사적 경관

어떤 도시가 역사도시가 되기 위해서는 과거의 고유한 형태와 양상이
유지되어 있어야만 하고 그러기 위해서는 무엇보다도 사회공동체의 기
억이 누적된 실체적인 건축물과 대상물이 많이 현존해야 한다.[1] 진주는
역사도시라고 한다. 과연 역사도시라고 할 만큼 진주는 역사적 도시경
관을 간직하고 있는 도시인가? 예로부터 '진양의 시내와 산의 훌륭한 경

그림 31) 진주고지도

---

1) 김광현, 「역사도시 서울과 일상적 도시풍경」(『서울학 연구』, 1995)

치는 영남에서 제일'2)이라고 언급될 만큼 진주는 뛰어난 자연경관을 갖추고 있었다. 특히 고지도에 묘사된 조선시대의 도시모습을 보면 비봉산과 남강을 사이에 두고 형성된 역사적 도시경관과 뛰어난 자연경관을 갖춘 도시라 할 수 있다.

이에 비해 현재 진주의 도시모습은 많이 변모되어 있다. 일제강점기를 거치면서 대부분의 역사적 도시경관들은 훼손되었으며 도심의 상징적 오픈 스페이스였던 대사지大寺池는 매립되어 시가지가 되었고, 진주성의 외성外城은 철거된 지 오래되었다. 지금은 진주성 내성內城만이 옛 모습으로 부분 복원되었을 뿐 그 외 대부분의 역사적 경관들은 시민들의 기억 속에서 사라졌다. 진주시의 『2021 진주도시기본계획』을 살펴보면, 진주성을 중심으로 경관 및 미관지구의 지정을 통해 진주성 주변의 역사적 경관 유지를 위해 노력하고 있다. 그럼에도 불구하고 역사도시 진주라고 하기에는 현존하는 역사적 경관요소는 너무 한정되어 있다. 그리고 고도제한과 같은 규제는 결과적으로 구도심 개발의 의지를 약화시켰으며 특히, 비봉산飛鳳山 주변 구릉지 개발이 제약을 받음으로서 거주환경이 열악하게 되는 도시문제도 야기되었다. 그런데 예전의 진주 MBC 사옥자리(구 진주객사터)에 고층의 주상복합건물이 그간의 높이 규제에서 벗어나 새롭게 세워졌고, 구시가지와 그 주변의 구릉지는 앞으로 재개발을 통한 새로운 도시공간으로 변모해 갈 것이다.

그동안 우리나라 대부분 도시의 도시경관은 규제와 개발이라는 서로 대립되는 개념이 병존해 왔으며, 이제 구도심의 도시화는 더 이상 막기 어려운 것이 현실이다. 이러한 개발의 필연성에도 불구하고 기존의 구도심이 가지고 있던 도시의 정체성에 관한 부분의 경우, 변화를 모색해야 할 것과 지켜져야만 되는 것들에 대해서는 보다 구체적인 검토와 고민의 필요성이 있다. 이런 문제와 관련해 한 영화에서 해결의 단서를 찾

---

2) 이규보, 『파한집』

을 수 있다. 영화에서는 '소유권이 개발업체에 넘어가버린 도심의 한 사찰을 지키려고 하는 스님들과, 사찰을 허물고 고층건물을 건설하려고 하는 개발업자와의 대립과정 속에서, 발상의 전환을 통해 고층 건물의 옥상에 사찰을 옮겨 세우는 결말'을 보여준다. 다소 비약적이지만 이 영화를 통해, 도시의 개발이 기존의 도시공간을 없애고 새로운 도시공간을 표현하는 행위라 할 수 있지만, 기존의 것이나 사라진 것의 가치를 새롭게 발굴하여 보전하는 것 또한 도시개발의 개념이라는 것을 보여주고 있다. 이렇게 본다면 외성外城 대사지大寺池와 같은 진주의 역사적 경관들의 의미와 가치를 재평가하고, 아울러 이러한 역사적 경관들을 고려한 도시개발이 된다면 지금보다는 보다 역사성을 가진 역사도시 진주의 도시경관이 가능하게 될 것이다.3)

이러한 관점에 입각해 여기서는 기존의 도시개발 과정에서 충분히 고려되었다고 보기 어려운 진주의 또 하나의 역사적 경관인 자연환경을 단서로 조선시대 도시 조영원리의 하나였던 풍수사상이 만들어 낸 진주의 도시상 해석을 통해 『2021 진주도시기본계획』에서 추구하고 있는 역사문화자원의 발굴과 생활문화의 경관화를 위한 구체적인 실천과제의 제시는 물론 향후 역사도시 진주, 자연환경이 풍요로운 진주 도심의 개발을 위한 방안을 모색하고자 한다.

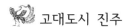

고대도시 진주

진주의 도시 기원은 명확하지 않지만 백제 때에는 거열성居列城이, 통

---

3) 보존의 대상과 수법에 있어 건축물만이 보존의 대상이 되는 것은 아니다. 미국 보스턴 (Boston)의 Black Stone이라는 가구에는 골목의 형상이 문화재 보전의 대상이 되고, 골목 길에서의 건물의 신축은 허용하되 골목의 형태는 변형시킬 수 없도록 하고 있다. 이렇게 본다면 대사지나 진주성의 외성 등의 원형 복원은 현실적인 무리가 있다 하더라도, 골목길이 보존의 대상이 되는 것처럼 유구의 흔적이 되는 가로를 역사적 자산으로 재평가함과 동시에 그러한 역사적 도시경관들을 고려한 건축 및 도시경관을 계획할 수 있는 사고의 전환이 필요하다.

일신라 때에는 9주 5소경의 하나인 청주菁州가 설치되면서 지금의 도시 골격을 갖춘 것으로 추정된다. 특히 9주의 치소治所가 설치되면서 당시의 서울인 경주의 도시구조를 참조하여 도시가 형성되었을 것으로 추정되는데 청주菁州의 도시구조는 비봉산飛鳳山을 배경으로 관아시설과 진주성을 잇는 남북대로와 그림에서 살필 수 있는 격자형태의 가로망이 도시의 특징이었으며, 도심에는 주거지와 함께 대사大寺와 같은 사찰들이 주요한 도시 경관을 이루었던 것을 상정想定해 볼 수 있다.

조선시대 진주

조선시대 진주의 모습은 18세기 초에 그려진 고지도를 통해 비교적 상세하게 살펴볼 수 있다. 고지도에서 보는 바와 같이 진주는 도시의 배경이 되는 비봉산飛鳳山과 남강南江 사이에 시가지가 형성되어 있으며, 시가지에는 객사客舍를 중심으로 한 관아시설과 진주성의 내성과 외성 그리고 진주성의 북쪽을 두르고 있는 대사지大寺池와 해자천垓字川 청천菁川(지금은 복개된 나불천) 가마못 그리고 인위적으로 조성한 대숲竹田과 홍교 및 주택 등이 묘사되어 있으며, 특히 도시의 배경이 되는 산의 구릉에는 사직단 문묘 여제단 성황단과 같은 유교적 제사 공간들을 확인할 수 있다.

근대 이후의 진주

조선시대 고지도에서 묘사된 진주의 역사적 도시모습은 일제강점기를 거치는 동안 시구개정 및 토지구획정리사업 등으로 인해 대부분 훼손되었으며, 특히 1960년대 이후부터는 개발과 경제논리에 입각해 그나마 잔존하던 역사적 도시 공간들조차 충분한 검토 없이 개발되어 버렸다. 과거 풍수사상에 의해 해석되던 가마못釜池의 매립과 대숲의 훼손 그리고 대사지大寺池의 매립과 진주성의 외성 철거 나아가 나불천(옛 청천)의 복개 등 역사적 도시경관 요소들은 우리의 기억 속에서 대부분 사라져 버렸다.

또한 이제 진주시는 옛 진주 MBC 사옥 자리의 고층 주상복합 건물 건립이 보여주는 구도심의 또 다른 개발에 직면하고 있다. 즉 그간 진주시는 비봉산飛鳳山의 조망권을 근거로 구도심의 개발을 규제해 왔었지만, 이로 인해 야기된 구도심 거주환경의 악화와 도심 공동화 문제 등의 해결을 위해서는 그간 진주 도심의 배경이 되던 산 구릉지의 개발이 불가피하게 될 듯하다. 이와 관련하여 여기서는 조선시대 도시조영의 대표적 이론인 풍수사상風水思想에 의해 해석되는 진주의 풍수적 도시경관을 살펴보고자 한다. 왜냐하면 도시와 관련된 풍수에서 풍風은 산山을, 수水는 강江의 문제를 이야기하고 있기 때문이며, 이를 통해 향후 진주의 역사적 자연경관을 고려한 개발 방향의 모색도 가능할 것으로 판단되기 때문이다.

진주의 풍수

주지하는 바와 같이 풍수風水는 산 사람의 거주공간인 도시 마을 주택과, 죽은 사람의 거주공간인 묘 등을 조성함에 있어 이상적인 장소를 선정하고, 이와 함께 거주공간을 이상적으로 구성하는 기법을 다루는 동양사상의 하나로 이해될 수 있다. 또한, 풍수에서 길지吉地 선정을 통해 얻고자 하는 것은 흉凶과 화禍를 피하고 길吉함과 복福됨을 향유할 수 있다고 하는 심리적 측면에서의 위안과 기대라 할 수 있으며, 만약 입지조건에 있어 결함이 있을 경우에는 인위적으로 풍수적 환경을 조성하는 비보수법裨補手法의 전개로까지 발전하고 있다. 특히 이러한 풍수사상은 근대이전의 우리나라 도시조영에 있어 실천의 수단으로서 적극적으로 활용되었다고 판단되는데, 풍수사상과 도시조영에 관해서는 조선시대의 관찬지리지官撰地理誌나 읍지邑誌 등의 기록을 통해 구체적 내용을 살필 수 있다.

『여지도서輿地圖書』와 같은 관찬지리지는 물론 읍지邑誌 등의 기록에 의하면, 조선시대 대부분의 도시입지는 풍수에서 말하는 기氣의 개념에서 비롯되는 용맥사상龍脈思想에 의해 설명되고 있음을 확인할 수 있다. 용맥사상과 관련하여 중국의 대표적인 풍수서로 알려지고 있는『지리인자수지地理人子須知』에는 곤륜산崑崙山을 천하의 근원이 되는 조종산祖宗山으로 삼아 여기에서 비롯되는 3대 간룡幹龍의 개념을 기록하고 있으며,4) 이러한 용맥龍脈을 타고 흐르는 기운氣運으로 인해 국가와 도시가 번창할 수 있다는 풍수적 관념의 지형해석과 도시개조에 관한 기록들을 확인할 수 있다. 한편 이중환의『택리지擇里志』에서도 그 개념이 계승되어 곤륜산에서부터 백두산으로 이어지는 지형관을 확인할 수 있다5).

> 곤륜산 한 가지가 고비사막 남으로 흘러 동쪽으로 의무려산이 되었고, 여기서 크게 끊어져 요동벌이 되었다가 벌판을 지나 다시 일어나 백두산이 되었으니 산해경에서 말하는 불함산이다(崑崙山一枝 行大漠之南 東爲醫巫閭山 自此大斷 是爲遼東之野 渡野 起爲白頭山 卽山海經所謂不咸山).

이와 같이 백두산에서부터 비롯되는 조선시대의 풍수적 지형해석은 『대동여지도大東輿地圖』와 족보의 체계에 따라 묘사된『산경표山經表』를 통해서 보다 구체적으로 확인할 수 있다. 그리고 이러한 풍수사상이 조선시대에는 사회전반에 걸쳐 영향을 미쳤으며 특히 도시의 입지해석과 도시 개조는 물론 일반 건축에도 밀접하게 관여하였다.

---

4) 김부근 監修, 김동규 譯,『風水地理人子須知』(명문당), 65-84쪽 참조.
5) 우리나라의 용맥사상에 의거한 지형인식은 '我國諸山 皆發源於白頭山 自摩天鐵嶺而南 爲金剛五臺太白 至智異而盡焉'이라 하여, 이수광의『지봉유설』에서도 확인할 수 있다.

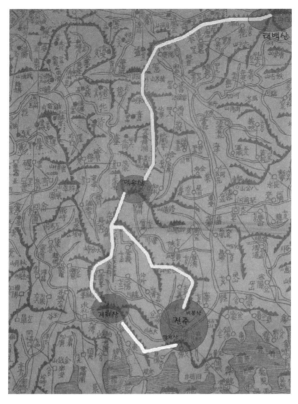

그림 32) 대동여지도의 진주

풍수라는 말은 원래 장풍득수藏風得水에서 유래된 말로서, 구체적으로는 산과 강의 조건을 이야기하고 있다. 전술한 기氣가 용맥 즉 산줄기를 타고 흐르다가 분출되는 곳을 혈穴이라 하며, 풍수사상에서는 이 혈穴을 통해 분출되는 기 즉 바람을 가둔다는 의미에서 장풍藏風이라 하며, 또한 바람을 가두기 위해서는 네 방향으로 산이 둘러싸야 한다는 것이다. 풍수에서 이야기하는 이상적인 지형조건은 '좌청룡 우백호 전주작 후현무'의 조건을 갖춘 곳을 가리키는데 『여지도서』에는 진주의 풍수적 형국을 다음과 같이 기록되어 있다.

비봉산(飛鳳山)은 주의 북쪽 1리에 있으며 안음의 덕유산(德裕山)으로부터 왔으며 진산이다.

망진산(望鎭山)은 주의 남쪽 6리에 있으며 지리산으로부터 왔다.

또한 향토지인 『진양지晉陽誌』 「형승」조와 「산천」조에도 다음과 같은 기록이 있다.

비봉산(飛鳳山)은 북쪽에 멈췄고, 망진산은 남쪽에서 읍한다.

비봉산(飛鳳山)은 집현산으로부터 남쪽으로 와서 주의 진산(鎭山)이 되고 본주(本州)의 官基로 삼으니 곧 비봉(飛鳳)의 모습이기 때문이다. 앞으로는 망진산(網鎭山)이 있고 서쪽으로는 죽동(竹洞)이 있으며 또 대롱사(大籠寺)와 소롱사(小籠寺)의 두 절이 있다. 모두 비봉으로 인한 것이요 이러한 이름으로 한 것은 진압하기 위한 것이다.

위의 기록들과 그림을 참조해 볼 때, 진주는 백두산에서 비롯된 용맥龍脈이 덕유산을 거쳐 진주의 진산鎭山 즉 현무玄武인 비봉산을 이루고, 안산案山인 주작朱雀은 덕유산 지리산을 거쳐 남쪽으로 망진산이 자리하는 풍수적 형국을 이루고 있다. 또한 비봉산의 동쪽 옥봉과 선학산을 청룡靑龍으로, 비봉산의 서쪽 대롱골과 소롱골의 산줄기를 백호白虎로 보는 사신사四神砂를 완비한 풍수적 지형해석을 읽을 수 있으며, 후술하는 수계水系 또한 지리산과 덕유산에서 각각 비롯되어 광탄廣灘에서 합류하여 남강을 이루면서 진주성 앞을 S자 형태로 흐르는 수태극水太極의 이상적 풍수형국을 구비하고 있음을 고지도와 위성사진을 통해서도 확인할 수 있다.

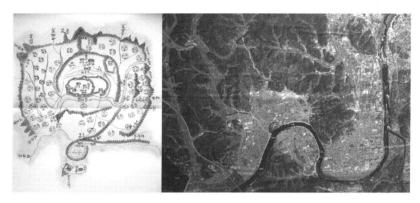

그림 33) 고지도와 위성을 통해서 본 진주

무학 대사와 진주의 지맥(地脈)

『내고장의 전통』에는 무학대사와 관련된 풍수설화가 다음과 같이 소개되어 있다.

이성계가 등극 후에 산남지방에 정(鄭) 하(河) 강(姜) 등의 인물이 많이 나옴을 싫어하여 무학 대사를 시켜 진주의 지리를 살피게 하였다. 진주성을 살폈으나 그렇게 마음 쓸 곳이 없어 비봉산(飛鳳山) 쪽을 살피니 과연 명당 명승의 자리이며 더욱이 비봉산의 지맥이 대롱골(大籠谷)의 황새 터와 연결되어 있음에 절로 놀랜 무학 대사는 지금의 비봉산과 봉원초등학교 사이의 가마못(釜池)이 있는 등을 끊어서 한시름 놓았다. 다시 동쪽을 살피니 또 하나의 걱정거리가 있었으니 비봉루(飛鳳樓) 옆자리 향교가 엄숙하게 자리 잡고 있었으니 무학 대사의 마음을 섬짓하게 하였다. "어쩌면 이 조그마한 비봉산을 둘러싸고 이렇게도 좋은 자리가 많을까? 이태조가 신기한 사람이 많이 나온 곳과 앞으로 나올 것을 염려하고 장차 새로 만든 이씨조선을 뒤엎을 역적질할 사람이 나올 땅이라 우려하더니 정말로 그러한 땅이로고" 하여 향교를 옮겼으니 처음은 보리당에 다음은 옥봉동의 현재의 위치로 옮겨버렸다. 그리고는 다시 남쪽을 살피는데 남강하류의 새버리딤 고개 밑에 돌산이 튀어나왔는데 마치 용이 꿈틀거리는 모습을 하고 있음에 놀란 무학 대사는 결국 석룡(石龍)을 파괴하게 된다.

🦅 서봉지(棲鳳池)와 가마못(釜池)

『내고장의 전통』에는 비봉산에 관한 소개와 관련하여 다음과 같은 내용도 소개되어 있다.

현재 메워져 택지로 변한 이곳 가마못(釜池)의 원래 이름은 서봉지(棲鳳池)로 봉이 이 못에서 쉬었다는 전설이 있고 조선을 개국한 이성계는 진주에 정(鄭) 하(河) 강(姜) 씨들의 집안에 인물이 많이 나는 것은 비봉산의 정기를 타고났기 때문이라고 여기고 무학 대사로 하여금 비봉산의 맥을 끊은 후 봉이 쉬는 서봉지를 가마못이라 바꾸었다. 가마솥처럼 펄펄 끓어 봉이 얼씬도 못하게 하기 위해서였다.

🦅 대봉산(大鳳山)과 비봉산(飛鳳山)

『내고장의 전통』에는 비봉산과 관련하여 다음과 같은 내용이 소개되어 있다.

진주 강 씨들 집안에서는 뛰어난 인물이 많이 나고 대봉산(大鳳山, 현 비봉산) 밑에 웅거하여 권세를 부렸으니, 세상 사람들이 대봉산 위에 봉알이 있기 때문이라고 일컬었다. 조정에서는 몰래 사람을 보내어 봉알을 깨어 없애고 봉은 이미 날아가 버렸다고 하여 대봉산을 고쳐서 비봉산(飛鳳山)이라 부르게 하였던 것이다. 그 뒤 과연 강 씨 문중에서는 인물이 나지 않고 세월이 갈수록 집안이 쇠하여 봉을 다시 부르려면 그 알자리가 있어야 한다고 하여 지금의 위치에다 봉의 알자리를 만들었다 한다.

이상의 설화를 통해 진주는 비봉산飛鳳山에서 비롯되는 풍수적 관념의 지형 해석이 존재하였음을 알 수 있으며, 비봉루飛鳳樓 봉명루鳳鳴樓 조양관朝陽館 대숲竹田 등 대부분의 주요 공공건축물과 도시 공간들 또한 비봉산 즉 봉황鳳凰과 관련되어 건축되거나 도시개조가 이루어지고 있음은 주목할 필요가 있다. 그리고 그 관련 유지들은 현재도 잔존하고 있어 향후의 도시개발에 즈음하여 고려되어야 할 역사적 경관들이라 생각된다.

『진양지』에 나타난 풍수적 비보와 염승

『진양지晉陽誌』「관기총론官基總論」조에는 진주의 풍수적 지형해석과 함께 비보裨補 및 염승厭勝의 수법을 통한 도시개조에 관해서도 언급되어 있어 주목된다.

> 진주의 진산(鎭山)은 비봉(飛鳳)의 모습이요 안(案)은 금롱(金籠)이니 관기는 그 아래에 있다. 그러기 때문에 무릇 사방에 배포를 모두 봉(鳳)에 붙여서 이름을 하였으니 객사(客舍)의 앞에 누(樓)로는 봉명(鳳鳴)이 있고 관(館)으로는 조양(朝陽)이 있으며 마을 이름으로는 죽동(竹洞)이 있고 벌로수(伐老藪)와 옥현(玉峴)이라는 곳에 대를 심었으니 죽실(竹實)은 봉이 먹는 것이기 때문이다. 그리고 산의 이름을 망진(網鎭)이라고 한 것은 봉이 그물을 보면 날아가지 못한다는 것이요 절을 대롱(大籠), 소롱(小籠)이라고 한 것은 봉이 새장에 들어가서 멈춘다는 것이며 들에 작평(鵲坪)이 있는 것은 봉이 까치를 보면 날지 않기 때문이다. 또 북적 의곡 선원 수장 안양 지장대사 등의 절을 지은 것은 지맥이 지나치게 성한 것을 진압하려는 것이요, 공북 현경 적지 중안리의 네 곳에 조산을 만든 것과 두골 나평은 …셋 조산은 모두 허한 것을 보충한 것이다. …옥봉의 북각 모습이 주산(主山)을 쏘아보는 쥐 입부리와 같기 때문에 돌로 개의 모양을 만들어서 누르는 것으로서 이름을 옥봉이라 한 것이며, 원을 남쪽 산 중턱에 만들어서 이름을 개경6)이라고 한 것은 모두 빌기 위한 것이다.

---

6) 개경원(開慶院) : 주의 동쪽 2리에 있다. 정이오의 기(記)에 이르기를 "진주의 진산이 절연하여 출운과 우상의 두 기슭이 파타하여 옆으로 동서가 서로 감싸고 있으니 그 감싼 복판이 광연하여 사방이 편평한데 그기에 진주가 자리 잡은 것이다. 두류의 동남쪽 산골짜기의 물이 돌아 모여서 강이 되고 그 남쪽으로 가로질러 꺾어졌으며 왼편으로 감싼 복판에 긴 두덕이 북쪽으로부터 남쪽으로 와서 강에서 채 백보가 못 되는 거리에 멈췄으니 이것이 군제에서

위의 기록들을 검토해 알 수 있는 것은, 진주는 풍수적 지형조건을 온전히 갖춘 길지라는 것과 또한 봉황이 머물 수 있는 인위적 비보조치로서 서봉지棲鳳池와 대숲竹田[7] 등이 조성되었다. 이후 조선초기에는 앞 시대와는 반대로 새롭게 건국한 조선왕조의 기운에 반하는 풍수적 기운을 억제하는 수법들이 시도되는데, 예를 들면 대봉산大鳳山을 봉황이 이미 날아가 버렸다는 의미로 비봉산飛鳳山으로 개명하고, 봉황이 머물지 못하도록 서봉지棲鳳池를 물이 끓고 있어 봉황이 서식하지 못한다는 의미로 가마못釜池으로 개명함과 동시에 진산鎭山인 비봉산에서 우백호로 이어지는 산자락의 맥을 잘랐다. 또한 조선초기의 풍수적 조치와는 달리 후대가 되면서 우백호에 해당하는 산자락에는 대롱사大籠寺, 소롱사小籠寺를 두고, 안산의 이름을 망진산網鎭山으로 하는 상징적 조치를 통해 봉황을 머물게 하여 번영을 기원하는 인위적인 시도를 확인할 수 있다. 이렇듯 풍수사상은 시대를 달리하면서 서로 다른 관점에서 진주의 산과 강, 그리고 도시의 공간형성과 개조에 관여하였음을 확인할 수 있다.

🦃 진주의 수계와 비보

진주의 풍수적 수계水系는 수태극水太極의 형국을 취하고 있으며, 『진양지』「산천」조에는 남강의 근원과 수계의 흐름에 관해 다음과 같이 기록하고 있다.

이른바 옥봉(玉峰)이다. 그 봉우리가 마치 손님이 되어 관섭(管攝)을 받지 않는 것 같은데 그기에 원을 세우고 개경이라 일렀으니 아마 양재(재앙을 없앰)하기 위한 것이다.

7) 『진양지(晉陽誌)』「임수」조에도 비보림에 관한 내용을 언급하고 있다.
 • 가정수(柯亭藪): 주의 서쪽 5리에 있다. 만력 병자년(1576년)에 나무를 베고 밭으로 만들어 서원에 붙였더니 왜란 뒤에 비보하는 곳이 된다고 하여 도로 밭을 폐하고 나무를 심었다.
 • 개양수(開梁藪): 주의 서쪽 5리에 있다.
 • 가방수(加防藪): 주의 동쪽 개경원(주의 동쪽 2리에 있다) 앞에 있다.
 • 대평수(大坪藪): 저동의 남쪽에 있다.
 • 율수(栗藪): 하나는 광탄에 있고 하나는 청천에 있으며 하나는 두골라평에 있다.

남강(南江)의 근원이 둘이 있으니 하나는 안음의 덕유산에서 나와서 함양 단성을 거쳐 광탄(廣灘)에 이르고, 또 다른 하나는 지리산의 동쪽에서 나와서 덕천을 거쳐 광탄에서 합해져 남강을 이룬다

이러한 수계의 흐름과 함께 『진양지』「관기총론」조에는

> 형옥(刑獄)과 지침(紙砧)을 손방(巽方. 동남쪽)에 둔 것은 또한 수세(水勢)를 막아 진압하려는 것이요 …대평(大坪)과 가방(加防)의 두 곳 숲은 손방에 물이 흩어지는 것을 근심하여 비보한 것이요, 개양과 청천에 두 곳 숲은 청천의 충격 때문에 만든 것이며 가정의 숲은 석갑산이 명당을 충격하기 때문에 봉하여 심은 것이다.

라고 하여, 남강이 돌아 나가는 곳에는 거친 기운을 막기 위해 형옥과 지침을 동남쪽에 설치하여 진압하고, 강물이 도시로 들어오고 합류하는 곳에는 가방 청천수 등에 숲을 조성하여 비보하는 인위적 조치들이 전개되었다. 아울러 같은 곳에서는

> 옛적에 성시에 있어서는 임수(林藪)를 배양하여 부근(斧斤, 도끼로 베는 것)을 엄금하니 산천의 어울림과 숙기(淑氣, 맑은 기운)의 모임으로 인재가 울흥(蔚興)하고 장상(將相)들이 배출되었다. 이것이 어찌 산령(山靈)이 부호한 밝은 효험이 아니겠는가?

이라 하여, 도시가 번성하기 위해서는 임수林藪를 잘 가꾸어 산수山水의 부족함을 채움으로서 거주환경을 개선하고자 하였던 것을 알 수 있다. 이러한 풍수적 비보관裨補觀은 자연환경을 고려한 지속가능한 친환경도시를 지향하는 지금의 도시 이념과도 궤를 같이 한다고 할 수 있다. 부가적으로 고지도에 표현된 진주의 도시모습을 보면서 특히 주목되는 것이 대사지大寺池와 해자천垓字川이다. 대사지는 삼국사기와 삼국유사의 혜공왕 2년(766)의 기록에 의하면,

진주관서의 대사 동쪽 터가 점점 내려 앉아 가로 세로 50여 자의 큰 못이 되었다

라고 기록되어 있다. 이후 조선시대가 되면서 진주성의 외성을 축성하면서 이 대사지大寺池를 이용하여 외성外城을 두르는 해자천垓字川이 새롭게 조성되어 도심의 오픈스페이스로서의 기능과 군사적 기능을 하였다. 그러나 일제강점기를 거치면서 이들 물의 공간水空間은 매립되어 시가지화되어 버렸지만, 고지도와 1920년대 지도 및 사료의 분석을 통해 그 원형을 살필 수 있다. 비록 현재로서는 이들 경관의 복원이 현실적인 무리가 있다 할지라도 도시의 원형을 살필 수 있는 단서만이라도 도시공간에 남길 수 있는 방안의 모색이 필요하다고 생각된다.

11. 제안사항

서독의 로텐부르그는 중세도시의 역사적 환경(외관)을 도시전역에 걸쳐서 복원하고, 일본에서는 이전의 죠우까 마찌城下町에 성을 재건(복원)함으로서 역사적인 도시의 이미지를 상기시킴과 동시에 지역의 정체성을 높이고 이를 관광 자원화 하고 있다. 이와 같은 외국의 사례처럼 우리나라의 도시들도 현재 진행하고 있는 개발위주의 정책과 함께 각 도시들이 가지고 있는 역사적 공간과 건축물을 보다 적극적으로 복원하고 보존함으로서 도시의 다양성과 정체성을 모색할 필요가 있다.

특히 도시의 입지를 풍수적으로 해석하고자 했던 조선시대의 도시 이념은 우리나라의 전통적인 도시형성 이념으로서 재조명되고 연구될 필요가 있다. 아울러 각 도시의 자연지형이 풍수라는 전통사상에 의해 해석되었다는 것은 그 자체를 역사적 환경으로 보존할 가치가 있는 것이며, 또한 도시 경관형성의 중요한 지표로 삼을 수 있는 것이다. 풍수사상에 의해 해석되거나 만들어진 도시공간들은 지역의 역사성과 정체성을 모색하는 단서가 될 수 있다는 말이다. 그것은 도시 전체를 하나의 스토리텔링의 소재로 만들어 관광적 가치를 높일 수 있는 중요한 요소가 될 수 있다.

소쇄원은 많은 관광객이 찾고 있지만 그 구조가 봉황사상과 밀접하게 연관되어 설계되었다는 사실을 이해하고 관람하는 사람은 드물 것이다. 이러한 점을 관람객이 알 수 있도록 배려하는 관리 및 안내체계가 갖추어지면 좋을 것이다. 동화사도 사찰로서는 특이하게도 봉황의 이야기를 품고 있는데, 그 유래와 의미를 좀 더 연구하여 밝히는 작업이 있어야 할 것으로 보인다.

춘천의 경우 객사나 동헌 문소각 등 조선시대 주요 관아건물들의 전면적인 복원은 힘들다 할지라도 현존하고 있는 조양루나 위봉문을 원래의 위치로 이건하고 주변을 단계적으로 정비함으로써 이전의 경관과 봉황 도시의 이미지를 보존시켜가는 것이 바람직하다고 생각된다.

오늘날 경북 지방에 해당되는 순흥 예천 선산 영천 등의 소도시들도 봉황과 관련한 예전의 건물들을 최대한 복원하고 아울러 오동나무와 대나무 숲을 경관으로 조성한다면 전통과 개발이 병존하는 환경을 만들 수 있을 것이다. 또한 훌륭한 인재의 배출이나 덕망을 갖춘 인물이 행정을 이끌 것이라는 희망과 동시에 행정가들로 하여금 그와 같은 인물이 되도록 견제하는 역할도 할 수 있으리라 생각된다.

의령의 경우는 지방자치단체로는 전국에서 최하위 수준의 재정자립도를 보이고 있는 작은 도시이지만, 특이하게도 많은 역사적 인물들을 배출한 지역이기도 하다. 이러한 요인에는 서출동류의 남강과 그 속에 있는 솥바위인 정암鼎巖 그리고 봉 또는 학이 날아드는 형국의 지형적 특징이 복합적으로 작용했다는 이야기를 만들 수 있다. 더불어 의령읍의 형국이 봉황풍수와 밀접하게 연관되어 있으므로 그 의미를 담고 있는 봉무산 대숲 오동나무 읍성과 같은 의령읍의 역사적 경관들의 의미와 가치를 재평가하고 아울러 이러한 역사적 경관들을 고려한 경관개발을 할 필요가 있다. 그렇게 된다면 지금보다는 훨씬 깊은 역사성을 가진 의령읍의 경관구축이 가능하게 될 것이라 판단한다.

함안은 그 풍수적 격국의 원형적 이야기는 진산인 대산과 안산인 여항산으로 만들어진 도시이다. 진산이 너무 낮아서 그 이름을 대산이라고 하여 비보하고, 여항산은 훨씬 높은 산이지만 배가 지나갈 수 있는 산이라는 이름으로 비보한 것이 그것이다. 여기에 더하여 봉황사상도

일조를 하고 있으니 그 흔적들을 복원하여 도시의 이미지를 고양시키면 더욱 좋을 것이다.

　진주는 봉황사상이 결정적으로 접합된 풍수의 전형적인 도시라고 할 수 있다. 그러한 영향 속에서 발전해온 진주의 역사에는 수많은 인물들이 배출되었다. 조선 초기까지만 해도 무수한 인재를 배출했던 진양 강씨는 그 이야기가 사실이든 아니든 간에 전설로 전해지는 무학대사의 풍수사상에 의한 맥의 절단과 부족함을 메우는 비보가 아니라 온전한 것을 훼손하는 몇 가지 조치가 있었다고 하는 이후로는 인재의 배출이 현저히 줄어든 것으로 보인다. 그 무렵 강 씨의 주요한 한 계파는 본향인 진주로 귀향하지 않고 충정도의 회덕에 정착한 사실이 있는데, 이는 당시 무학과 연관된 이야기가 사실일 가능성을 높여주는 사례가 될 수도 있을 것이다. 진주시와 진주시민은 반드시 잃어버린 이름들과 역사적 터전遺址들을 복원할 필요가 있다. 비봉산은 원래 이름인 대봉산大鳳山으로, 조선시대에 서울을 바라본다는 뜻의 망경산望京山으로 이름을 고쳤다가 근래에 다시 음으로는 예전의 이름과 같지만 뜻으로는 진주를 내려다본다는 망진산望晉山으로 다시 바꾼 이름의 한자어를 그물을 펼쳐 누른다는 원래의 뜻인 망진산網鎭山으로 바꾸어야 한다. 또한 지금은 없어졌지만 가마못이 있었다는 증거가 되는 '가마골'이라는 이름도 다른 이름으로 바꾸고 무학이 맥을 끊었다는 가마골 뒤로 넘어가는 도로도 커다란 육교를 건설하는 등으로 맥을 이어야 한다. 예전의 서봉지 연못도 그 터 인근에라도 작은 연못이라도 복원할 필요도 있다.

　도시의 개발은 기존의 도시공간을 변화시켜 새로운 도시공간을 표현하는 행위라 할 수 있다. 그러나 그 속에 내재된 역사 유적의 가치나 훼손되고 없어진 문화유산에 대한 가치를 새롭게 발굴하여 보전하는 것 또한 중요한 일이다. 그것은 도시의 정체성을 확보하는 일이며 동시에 그 속에서 살아가고 있는 사람들을 하나로 묶어주는 요인이 되는 것이기 때문이다.

후기

진주는 역사도시라고 한다. 오랜 역사를 가진 진주성이 있고 성 안에는 유명한 촉석루도 있다. 촉석루 앞으로는 남강이 흐르고 있고, 그 건너편으로는 대숲이 조성되어 있고 대숲 사이로는 산책로가 만들어져 시민들의 휴식공간으로 활용되고 있다.

필자는 대구사람으로 2003년 한국국제대학교에 임용되면서부터 역사도시 진주에 관해 연구를 시작하게 되었다. 처음 진주의 도시공간을 살펴보면서 대숲에 유독 관심이 끌린 것은 우연이었을까? 그런 우연한 관심에서부터 연구를 시작하게 되었다.

『진양지』를 비롯한 향토지를 살펴보면서 답을 간단히 찾을 수 있었다. 진주에는 비봉산飛鳳山이라는 이름의 산이 있기 때문이었다. 우리나라를 비롯한 중국, 일본에는 전통적으로 봉황鳳凰은 오동나무에 깃들고, 맑은 샘물을 마시고, 죽실을 먹는다는 공통된 관념이 전승되고 있다.

자료를 찾아보니 원래 진주에는 대봉산大鳳山이 있었다. 이 대봉산으로 인해 서봉지棲鳳池라고 하는 저수지와 대숲도 마련되었던 것이다. 후대에는 풍수적 해석이 달라지면서 비봉산飛鳳山으로 이름이 바뀌게 되고, 서봉지는 봉이 물을 마시지 못하도록 펄펄 끓는 가마못釜池으로 이름을 바꾸는 등 여러 가지 연유와 조치로 진주지역은 쇠퇴하게 된다.

이후 시대가 바뀌면서 다시금 지역재생의 염원을 담고 풍수적 조치가 복원되면서 봉鳳의 새끼로 해석되는 봉알자리, 봉이 날아가지 못하도록 그물로 가둔다는 의미의 망진산網鎭山, 봉을 가두어 둔다는 의미로 소롱사小籠寺와 대롱사大籠寺와 같은 사찰을 세우는 등 봉鳳의 좋은 기운을 받아 지역이 번성하기를 바라는 지역민의 염원이 담긴 도시공간들이 진주 지역에 마련된다. 그야말로 봉황과 관련된 풍수도시 진주라는 결론을 내리게 되었다.

이런 진주의 역사적 도시공간을 풍수적 관점에서 「풍수사상에 의한 진주의 지형해석과 공간개조에 관한 연구」(2007.12)라는 연구논문으로 정리하였다. 이어서 경상도 지역의 봉황과 관련된 지역을 찾아 「봉황사 상을 통해 본 조선시대 지방읍치의 지형해석과 공간개조」(2009.08)를 발표하고, 특히 의령의 주산이 봉덕산(봉무산)임에 주목하여 의령의 봉황과 도시공간에 관해 「역사적 환경의 보전적 측면에서 본 조선시대 의령읍치 경관」(2010.06)을 연이어 정리 발표하였다.

이러한 일련의 연구를 통해 필자는 지역의 역사와 문화를 살린 스토리가 있는 도시를 만드는 것이 지속가능하면서 경쟁력 있는 도시가 될수 있을 것이라는 개인적 도시관을 구축하게 되었다. 필자의 이러한 소견은 김경수 박사님과의 교류를 통해 공감대가 만들어지면서 이번에 책의 발간으로 이어지게 되었다. 본서는 동양철학을 전공하신 김경수 박사님과 필자의 공동 작업이자 학문의 융합이라는 측면에서 의미가 있다. 그리고 평소 필자의 논문연구를 수행함에 있어 원전해석을 비롯하여 김경수 박사님께 의지하는 바가 매우 크다. 이번 기회를 빌려 거듭 감사드린다.

그리고 현재 필자는 중국 북경의 자금성紫禁城과 풍수風水와의 관련성에 관해 논문을 집필하고 있다. 자금성의 북문인 신무문神武門과 경산景山 사이에 있는 해자 그리고 그 해자에 설치된 다리에 주목하여 연구를 시작하게 되었다. 해자에 설치된 다리는 다리가 아니라 길로 해석된다. 해자의 물은 순환하도록 되어 있지만 자금성 북쪽의 다리는 막혀 있다. 오로지 조그마한 수구水口 한 곳만 있을 뿐이다. 왜 다리를 만들지 않고 길을 만들었을까 하는 의문에서 논문을 시작하여 이제 마무리 시점에 있다. 결론은 풍수에서 이야기하는 기氣 흐름의 연결 때문으로 해석된다. 풍수에서 기氣는 물을 만나면 멈춘다고 하는 개념이 핵심이다. 기가 멈춘 곳에 크게는 도시부터 마을 그리고 주택을 건설하게 된다. 자금성의 해자는 방어적 기능을 비롯한 다양한 기능이 있겠지만, 풍수적으로 해석된 수구를 통해 경산景山에서 비롯되는 기를 자금성 안으로 연결하는 풍수적 조치가 시도되었음을 밝히고자 한다. 그리고 북경 자금성에서 보이는 풍수적 사고는 2008년 북경 올림픽 경기장 건설에서도 고려되어 자금성과 올림픽공원을 잇는 용맥龍脈이 고려된 중심축을 설정하여 전통의 현대적 해석을 통한 새로운 도시의 건설을 시도하였다. 전통의 계승을 통한 도시의 혁신이라고 하는 의미 있는 시도라고 생각한다.

지금 우리나라의 도시는 과연 매력적인가? 의문을 가져본다. 지금 우리나라의 많은 도시들은 기능적으로는 편리해진 것은 사실이다. 하지만 다시 찾고 싶은 그리고 일생을 보내고 싶을 만큼 매력적인가에 대해서는 의문을 가지게 된다.

근대 이후 건축에서는 세계적으로 철과 유리 그리고 콘크리트라고 하는 근대를 상징하는 재료를 활용하면서 보편적이고 획일화되어 지역성이 무시된 건축이 양산되었다. 그리고 그러한 건축물의 조합에 의해 만들어진 도시 또한 그 결과로서 지역의 역사나 특성이 충분하게 고려되지 못하고 다양성이 결여된 획일화된 모습을 가지게 되었다. 뒤에 포스트모더니즘과 같은 사조의 영향으로 근대가 양산해 온 문제점들을 극복하고자 하는 노력이 시도되고 있지만 아직은 아쉬움이 있다.

필자는 역사적 문화자산을 활용한 도시재생에 관심을 가지고 연구를 수행하고 있다. 특히 이번 저술을 통해 이야기하고 있는 풍수적 가치관에 의해 해석된 자연경관과 그것에 의해 구축된 역사적 공간을 지역의 자산으로 활용할 수 있는 방안을 모색하는데 주목하고 있다.

필자는 앞으로 우리나라의 많은 도시가 본서에서 언급한 봉황의 개념뿐만 아니라 지역에 전승되고 있는 다양한 스토리들을 새롭게 발굴하고 그리고 그것에 의해 만들어진 도시의 요소들을 고려한 스토리가 살아있는 매력적인 도시로 재생될 수 있기를 기대해 본다. 본서를 통해 많은 독자가 지역의 역사와 문화에 대한 관심을 가지는 계기가 되었으면 하는 바람이다. 지역의 역사와 문화를 소중히 하고자 하는 공감대가 폭넓게 지역민 사이에서 형성될 때 비로소 지역의 역사적 문화자산을 활용한 도시재생이 가능하게 되리라 생각하기 때문이다. 이것이 본서 저술의 궁극적 목적이다.

2014년 9월
상문리 연구실에서
신상화

참고문헌

『경북마을지』

『교남지』

『국조오례의』

『대동여지도』

『동국여지지』

『문종실록』

『산경표』

『설문해자』

『세종실록』

『여지도서』

『의춘지』

『지봉유설』

『지승』

『진양지』

『춘관통고』

『태종실록』

『파한집』

『함안총쇄록』

『해동지도』

김부근 監修, 김동규 譯, 『風水地理人子須知』

朝鮮總督府, 『一万分一 朝鮮地形圖集成』

조선총독부, 『조선사찰사료』

진주문화원, 『내고장의 전통』

高友謙, 『中國風水』, 북경: 중화화교출판공사, 1991

王大有, 임동석 역, 『용봉문화연구』, 동문선, 1994

王子林, 『紫禁城 風水』, 북경: 자금성출판사, 2010

국립경상대학교박물관, 『문화유적분포지도(의령군)』, 2007

_____, 『발굴유적과 유물 도록』, 2004

김경수, 『유학의 본질 남명학의 본질』, 글로벌콘텐츠, 2014

김광현, 「역사도시 서울과 일상적 도시풍경」, 『서울학 연구』, 1995

김덕현, 「역사도시진주의 경관해독」, 『문화역사지리』, 2001

김한배, 「도시경관계획의 과제와 방향」, 대한건축학회 대전·충남지회 추계
　　　세미나

성동환, 「八公山 桐華寺의 風水 및 伽藍配置의 特徵」, 『한국지역지리학회지』,
　　　Vol1, No.5, 2001

손영식, 『한국성곽의 연구』, 문화공보부 문화재관리국, 1987

신상화, 「봉황사상을 통해 본 조선시대 지방읍치의 지형해석과 공간개조」,
　　　『한국농촌건축학회논문집』 63, 제11권 3호, 2009

_____, 「역사적 환경의 보전적 측면에서 본 조선시대 의령읍치 경관」, 『주
　　　거환경』 통권 제8권 제1호 (통권 제13호), 2010

_____, 「조선시대 춘천의 도시공간구성원리에 관한 연구」, 『주거환경』 제1
　　　권, 2003,

_____, 「풍수사상에 의한 진주의 지형해석과 공간개조에 관한 연구」, 『주
　　　거환경』 제5권 제2호(통권 제8호), 2007

심정보, 「고려말·조선초의 하삼도 읍성 축조기사 검토」, 『석당논총』 제20
　　　집, 1994

안국준, 『한양 풍수와 경복궁의 모든 것』, 태웅출판사, 2012

오인환·주우일·양수룡, 「진주도시공간구조의 변천에 관한 연구」, 경상대학

교 생산기술연구소, 1995

이몽일, 『한국풍수사상사연구』, 日馹社, 1991

이홍직 편저, 『국사대사전』, 한국출판사, 1982

진주시, 『2021진주도시기본계획』, 2002

최원석, 『한국의 비보풍수』, 민속원, 2004

허백영 편저, 『우리고장 땅이름』, 의령문화원, 1997

찾아보기

용어

인물

김경수金敬洙

경남 고성. 경상대학교 철학과에 1회로 입학하여 동 대학교에서 제1호 철학박사 학위를 수여받고, 경북대학교 퇴계연구소에서 박사후연수를 마쳤으며, 2013년도 한국도교학회 학술상을 수상하였다. (사)남명학연구원의 초대 사무국장 및 상임연구위원을 역임, 경상대학교 및 진주지역 여러 대학에서 강의하였거나 지금도 강의하고 있다. 한국국학진흥원의 경남지역 목판조사 및 문화재청에서 발주한 고문서 조사위원, 경남발전연구원 역사문화센터 및 의령의병박물관 비상임자문위원, 한국동양철학회 17대 총무이사를 역임하고, 고성군지편찬위원으로 있다.

저서로는『북송초기의 삼교회통론』,『유학의 본질 남명학의 본질』,『남명의 자취』,『남명선생 문인자료집』(공저),『사고와 논리의 기술』(공저) 외 몇 권이 있으며, 편저로는『남명선생의 자취를 따라』가 있고, 번역서로는『효당집』이 있다. 논문은「진단의 내단이론과 삼교회통론」외 다수가 있다. '주역과 음양오행'을 평생교육원에서 강의하고 있으며, 삼교회통의 역사와 맥락 그리고 동양의 고대천문학 등에 흥미를 가지고 있다.

신상화辛相和

경북 영양. 일본 국립코베대학(神戶大學)에서 박사학위를 취득하고, 현재 한국국제대학교 부동산지역개발학과 교수로 재직 중이다.

주요 논문으로는 경주의「도시공간구성원리에 관한 연구 -풍수에 의한 입지해석과 도시개조를 중심으로-」(대한국토도시계획학회, 2000),「풍수사상에 의한 진주의 지형해석과 공간개조에 관한 연구」(한국주거환경학회, 2007),「봉황사상을 통해 본 조선시대 지방읍치의 지형해석과 공간개조」(한국농촌건축학회, 2009),「역사적 환경의 보전적 측면에서 본 조선시대 의령읍치 경관」(한국주거환경학회, 2010),「한국의 차생활공간에 관한 연구」(한국주거환경학회, 2012) 등이 있다.

주요관심분야는 문화적 자산(역사적 문화자산, 창조적 문화자산)을 고려한 도시재생이다.